スターシードTheバイブル
あなたは
宇宙から来た魂
Starseed's Bible
Your Soul Came from the Universe
akiko 著　市村よしなり 監修

愛する宇宙の仲間たちへ
宇宙から何億年もの時を超えて
この地球を楽しみに来たんだよね
思い出してください
あなたが光の存在だということを

あなたは宇宙から来た魂　目次

第5章　スターシードとして地球を楽しもう……139

第6章　33人のスターシードたち……163

STAR SEED

カバーデザイン　takaokadesign
校正　鷗来社

★プロローグ　それはあるセッションからはじまった

私が『スターシード』だと気づいたきっかけ

アルクトゥルス。私は2年ぐらい前に急に『アルクトゥルス』というワードが気になって気になってしょうがなくなっていた。

調べて行くうちにアルクトゥルス人と自分自身がとてもリンクしていて、共通点がある事を知った。私ももしかしたらアルクトゥルスとつながっているのかな？　そう思うと心が躍《おど》った。

そんな時に面白いセッションがあるよ、と知人に教えてもらい、とんとん拍子にそのセッションを受けることになった。なにも考えてなくて期待もしていなかったのでテンションの低いまま当日セッションを受けることに……

「セッションをまえにお聞きしますが、宇宙のことやご自身のルーツを知るとびっくりし

て、受け入れられない方がたまにいますが、大丈夫ですか？」

へえ～そんなことあるんだ～。でも私は大丈夫だろうな。

「はぁ～全然大丈夫ですよ。むしろ色々知りたいです」

なんかワクワクしてきた。いったいこれから何がはじまるのかな。こんな高揚感は久しぶり。

「では始めます。
まずあなたのガイドは２ｍ50～３ｍぐらいのアンドロメダ人です」

えっ？　今なんて言った？　アルクトゥルスとかじゃないの？　アンドロメダ人なのね、しかもでかい！……ちょっと意外でショックかも。アンドロメダってなんだっけ??　まあいいや。それでそれで??

「体は青と白のストライプで馬のような乗り物に乗ってやってきました」

超気持ち悪いんだけど、洋服じゃなくて体自体にストライプとかあるの⁇　まじ？

「そしてあたまから七色に光り輝く水晶を出して見せてくれました」

わお、どうしよう。やばいやばすぎる……どんなガイドじゃ〜衝撃すぎる。

私はこのセッションで私を導いているガイドが３ｍ近い青と白のストライプのアンドロメダ人だということを知って、色々衝撃すぎて放心状態だった。宇宙人のガイドがついていて、そんな見た目なんて……

まさかこんなことを言われるなんて全く予想していなかった。

「ガイドって自分を導いてる存在とか守護霊みたいなものですよね。ガイドって自分じゃないですよね？」

「あなたの一部といったものにもなります」

やばい。う、宇宙人。あのETみたいな宇宙人。宇宙人＝私⁉　うそでしょう。うそだと言ってくれ。まだ間に合う。そんなはずない。衝撃的すぎる。

そのあとに、私の宇宙での出来事を教えてくれた。

「あなたは、アンドロメダからアルクトゥルス、ベガ、シリウス、プレアデスで地球のことを学んで、金星を経由して地球に来ました。宇宙ではそのほかの星にもたくさん生まれていて地球でも同じようにレムリア、アトランティス、エジプト、マヤ……など自分が体験したいところにピンポイントで体験しに行ってぱっと終わってまた次の体験をする……といった感じでいろんな体験をしている方です」

うける！　宇宙でも今の地球と変わらない事してんじゃん。おもしろい！　あ、私だもんね、そりゃそうか納得しちゃう。

でも宇宙でこんないろんなところを体験してるの⁉　じゃあ地球に何しに来たの⁉　宇

宙の方がテクノロジーとか発達してるんだから地球で学ぶことって……ないんじゃないの⁇　ちょっとちょっとうそでしょう〜。

「もしこれが私だとしたら、私地球になにしに来たんですかね？」

「おそらくアセンション目的で来ていると思われます」

あ〜そ〜じゃあ今までのあんなこともこんなことも…宇宙人だったとしたら…アセンションに合わせてなんかしに来た⁇　宇宙から⁇

ガラガラガラッと音を立てて私の今まで築いてきた観念が崩れて行くのがわかった。

その日から私は考え方が、がらっと変わってしまった。すべてがストンと腑に落ちてしまったのだ。私は今まで何か核になる真理というものを、ずっとずっと探し求めていた。そこにやっとたどり着いたようなすがすがしさがあった。これだったんだ……。

調べて行くと地球以外の星から来た人のことを『スターシード』というらしい。スターシードの特徴を調べたらまさに自分にぴったりで腑に落ちることばかり。
私、スターシードなんだ。地球のこのアセンションを経験しに宇宙から来たんだ……。
そうおもったら涙があとからあとから流れてきた。私はこの時を本当に楽しみに地球に来たのかもしれない。理屈ではなく魂が震えて感動していた。無限に広がっていく可能性を感じて涙が止まらなかった。

それから私は全く違う人生を歩み始めることになった。

私がスターシードのことを伝えたり、スターシードの本を書く事になるなんて……。自分の人生にこんな事があるなんて信じられないけど、これがスターシードだと自分を認めた力なのかもしれない。
私はスターシードだと自分を認めてから、自分の感覚を100%信じられるようになり、迷わなくなった。

私があなたに、**今一番伝えたいことは、『スターシード』というキーワードを通して、**

自分を許すこと、認めること、解放すること、自由になることです。

あなたは**自分の無限に広がる潜在能力を知ることで全く違う人生を歩み始める**ことになるでしょう。

あなたのペースでゆっくりと心を開いて地球という宇宙を一緒に楽しみましょう！

第1章　「スターシード」あなたは宇宙から来た魂

ついにスターシードの時代が来た！

もしあなたが宇宙から来た魂だとしたらどうですか？　ビックリしますか？　驚きますか？　信じられませんか？

私も最初のうちは半信半疑でした。でもスターシードのことを調べれば調べるほど、自分に当てはまり確信するようになって行きました。スターシードと気が付いてから本当に楽に生きられるようになったので、周りの人たちにも「スターシードって気が付くといいよ～面白いよ～」と伝えていたら周りもどんどん楽になって行き、変化していくので本当に驚きました。こんなにたくさんスターシードがいたなんて！

みんな口々に「やっと答えがみつかった」「すべての疑問が解決した」「生きやすくなった」と変わっていって、今まで悩みがちだった人も悩まなくなったり、すごく明るくなったり、本当の自分を生きる人が増えて行きました。自分のルーツが宇宙にあると知るとこんなに人は変化するんだ、と本当に多くの人の変化を目の当たりにしてきました。

スターシードの多くは共通して「人と違う違和感や孤独」を感じて生きてきているので、生きづらさを感じていたという人が多いです。また「目に見えないことに興味があるけど話をしても信じてもらえない」「変な顔をされてしまう。自分だけおかしいのではないか？」などと自分を責めていたり劣等感を感じ自分を押し殺しながら生きてきた人も多いです。

でもその自分の感覚は正しかったのです。

私は約４年間スピリチュアルな講座やセッションをとおして、たくさんのスターシードたちに接してきました。みなさんびっくりするほど純粋で正直でまっすぐな人が多く、私自身本当に心があらわれて浄化されていきました。また直感が鋭く、スピリチュアルな能力も実はとても高いのです。スターシードの潜在能力は未知数で本当にすごいです。ただ自己価値の低さなどでそれをあえて抑えてきたともいえるでしょう。

そして今、そのスターシードの能力を生かす時代がやっと来ました。
『スターシードの時代が来た！』ともいえるでしょう。
ここからはスターシードについて詳しく紹介していきます。

★スターシードとは

地球に住む95％が宇宙由来の魂

スターシードは、地球以外の宇宙の星や銀河を出身とする魂を持つ人のことをいいます。

地球にいる95％以上の人たちが宇宙由来の魂と言われているのですが、地球での生まれ変わりを何度も繰り返している魂にとっては、ほかの星から来たことなどすっかり忘れてしまっています。そんな人たちに比べるとスターシードは宇宙の感覚や記憶を潜在的にもっていますので、スターシードがいると本来の自分をたくさんの人たちが思い出すきっかけになっているということです。

　多くのスターシードは宇宙でアシュタールと交流を持っていたと言われています。アシュタールとは11次元の宇宙意識で金星からのアセンデットマスターです。意識体として存在していて巨大な宇宙船の指揮官でもあります。アシュタールが高次の星や銀河から勇敢な魂たちを集め、地球のアセンション情報を伝え、その情報を知り地球に自ら転生してきたスターシードたちも数多く存在しています。

　今、地球の波動上昇（アセンション）が進んでいて地球はほかの宇宙の星と同様に進化しようとしています。地球の波動上昇には地球に住む一人一人の波動を上げる必要があり、本当の自分を生きること、本来の自分自身を思い出していくこと、解放していくことが必要です。

　スターシードはそのお手本や手助けをするために存在しています。その表現の仕方やアプローチは様々ですが、すべてに共通することはスターシードたちが自分らしく表現するものはどれも愛であふれ人の意識が覚醒することを促し、地球の波動レベルを向上させることに直結しています。またスターシードはスターチャイルド※やスターピープル※とも呼ばれることがありますが、同じ宇宙由来の魂のことを指します。

※スターチャイルドは27ページに詳しく載っています。

※スターピープル
スターピープルとは、宇宙由来の魂が地球に人間として転生してきている人を指す言葉で、人間の魂と宇宙存在が入れ替わるウォークインとして地球に存在している魂とも考えられています。

ワクワク
ちきゅう

★アセンションとは

地球のアセンション

アセンションとは、次元上昇を指す言葉です。地球は長い間3次元の星でしたが、今この次元上昇で3次元から5次元へとゆっくりと次元上昇がはじまっています。その次元を上げるためにたくさんのスターシードが生まれています。またこの地球のアセンションは他の星や宇宙にも影響するため、たくさんの星や宇宙存在たちが関わっています。

3次元の地球から4次元へ。まず非物質化の世界。そして最終的に到達する5次元の世界は意識の世界になります。アセンションは長い時間をかけて進んでいきます。最終的に3000年ぐらいかかってアセンションしていくと言われています。

人間のアセンション

人間のアセンションは、地球のアセンションと共に今までの重い周波数を手放し軽くなり素の自分、本来の自分自身に戻っていくということになります。

その進むスピードは個人によって違い、体験しているそれぞれの人生のテーマによって、手放しの仕方は様々です。

多くの人たちが今この時代に地球に生まれている理由は、足並みを揃えて一緒に重い周波数を手放し、覚醒や目覚めを体験したいと思っているからです。すでにそのことに気が付いているスターシードたちは、まだ重い周波数を持ち続けている人たちを導きながら、自分のペースで徐々に波動を上げて皆を引っ張ってくれています。

スターシードは地球以外の星から転生してきていますので潜在的に宇宙でのエネルギーや生まれ変わってきた星の影響情報を持っています。宇宙の星は地球よりもはるかに進んでいて、愛、調和、テクノロジーなど素晴らしい経験をすでに宇宙でしてきています。

そんな**波動の高いところから地球のような不便さや苦しさをあえて学ぶ星に来たスターシード。スターシードには共通して地球での生きづらさを感じながら生きてきた人が多くいます。**

★地球は生きづらさや不便さを学ぶ星だった

地球は今までほかの星では体験できない「うまくいかない」ことや「不便さ」「苦しさ」を学ぶ修行のようなところがあり、**あえてネガティブなことを体験していた星**ともいえ、魂の経験や成長の場としては最高の場所でした。

宇宙のルールの沁み込んだスターシードには地球のルールが理解できず、また個性的な考え方やこだわりは宇宙では当たり前のことなのですが、地球ではおかしなことや異質とみなされてしまい、自分を抑え生きてきているので、本来のスターシード力を発揮できずにいる人がとても多いのです。

でもそれこそが、スターシードとして自分が気が付くきっかけになったり、本来の自分を思い出す人たちの手助けになっています。ですからスターシードの小さなチャレンジは地球の中でたくさんの人の波動に影響を与え、地球の中でものすごく大きな貢献をしているのです。

また、何かをしなくてもただ自分の気持ちに素直に存在するだけで周りの人を覚醒させる力があります。その力は周りを巻き込み地域を巻き込み地球、宇宙を巻き込んで大きなうねりとなるのです。それくらいスターシードはパワフルです。実はこれは、本来誰でも持っている力なのです。

★スターシードの特徴

スターシードはとても個性的で宇宙愛にあふれる存在である

スターシードはとても強い個性を持ち個性が際立っているので、普通の人たちと同じようにできない自分を責めてきていることが多いです。また地球の考え方とかけ離れた宇宙の真理に沿っているので、地球の中では変わり者として扱われたり厄介者のようになり、孤独感や疎外感を多く体験してきています。

その反面、実はスターシードがやることはとてもユーモアがあり愛にあふれしかもそのすべてが周りの覚醒につながっています。宇宙の真理に沿っているので自然に多くの人に気付きを与えているのです。

一般的な特徴は以下のようになります。

スターシードの特徴まとめ

①直感や感覚が鋭い

②本来の居場所に帰りたい（宇宙に帰りたい）という思いに駆られる
③人づきあいが苦手でうまくいかない
④熱しやすく冷めやすい
⑤社会に適合できない
⑥スピリチュアルや目に見えないことにものすごく関心がある
⑦転職の回数が多い
⑧目が澄んでいて、まっすぐにみつめるか、目をあわせられない
⑨いつも孤独感の中にいる
⑩周りと違っていることに劣等感がある
⑪口癖は普通になりたい
⑫相手の思っていることがだいたいわかる
⑬お金のことがよくわからない
⑭集団や団体行動が苦手できらい
⑮思ったことをはっきり言いすぎて怒られたことがある
⑯不眠症、睡眠障害、耳鳴り、偏頭痛などがある
⑰アレルギーや皮膚病などを持つ人が多い

⑱根は楽天的だが悩む癖がある
⑲絵や音楽から感情やその時の情景がうかぶ
⑳スターシードという言葉に反応する

◎次にスターシードの特徴の地球的視点と宇宙的視点で分析をしていきます。

①直感や感覚が鋭い

地球的視点

感覚が鋭すぎて、相手の思ってることや感じてることがわかって疲れる（エンパス）。感覚的に本音を言いすぎてよく怒られてきている。直感や感覚の大事さを感覚でわかっている。直感を一切疑わないひとも多い。

宇宙的視点

宇宙は高次元でその周波数をエネルギーで読み取っているので、感覚が鋭いのは宇宙での感覚能力をそのまま持っているということ。直感は高次元の自分自身ハイヤーセルフと直結しているのでその感覚がわかっている。エネルギーを瞬時に読み取ることができ、情報を宇宙的な速度で読み取っている。

② 本来の居場所に帰りたい（宇宙に帰りたい）という思いに駆られる

地球的視点

宇宙から来ているので無意識に自分の居場所はここではないという感覚を持っている。宇宙ではたくさんの仲間が待っているのでそれを感じて孤独感を持つ人も多い。宇宙でできたことが地球では簡単にできないのでそのことで憤りを感じ、宇宙に帰りたくなることがある。

宇宙的視点

帰りたくなる時は、宇宙の仲間がコンタクトしてきているときもある。またスピリチュアルや目に見えないことが真理だということから外れそうになったときにハイヤーセルフがその感覚を出してくることもある。衝動が強い分宇宙の感覚が確かだと毎回認識している行為ともいえる。

③ 人づきあいが苦手でうまくいかない

地球的視点

どんなところに行っても人間関係でつまずく。思ったことをはっきり言って怒られたり人が離れて行く経験などをして、一人でいた方がいいと思っている人も多い。相手と一体化しやすいので相手の感情を読んで苦しくなることがある。

宇宙的視点

宇宙では基本的にテレパシーでやり取りをしているので、地球での人間関係や言葉を話すことがよくわからない。また宇宙で植物や鉱物、エネルギー体だった人にとっては、色々が未知数すぎてぜんぜんわからないようである。社会科見学のように地球に来ているスターシードも多いのでうまくやらなくてもOK。

④ 熱しやすく冷めやすい

地球的視点

急にいろんなことをやりたくなって手を付けるが、すぐにあきて忘れてしまう。趣味も仕事も人も……いつもそんな感じで続かないので、周りにも指摘されてきている。それらのことを欠点だと思い改善しようとするがどうやってもよくならない。

宇宙的視点

やってみるとだいたいのことはエネルギーでわかるので地球のように時間をかける必要はない。また地球での生まれ変わりの中ですでに経験ずみなことも多いので再度経験する必要がない。とても宇宙的なことで自然なことである。（実はいいことだった）

⑤ 社会に適合できない

地球的視点

みんなと同じようにできない。ルールがよくわからない。今まで学校、社会、職場どんなところでも問題を起こしたりして適合できない、または無理やり違う自分を演じて合わせてきている人が多い。自分は社会に適合できない厄介者なんだと思っている人もいる。

宇宙的視点

宇宙は多種多様なので、同じようにするという観念がない。それぞれがそれぞれの個性をたたえ合い喜び合っている。宇宙で純粋な妖精のような存在が地球に来ているので。存在するだけですごいこと。これから地球はもっと多様性を受け入れる自由な社会になって行くので無理に適合しなくて大丈夫。

⑥スピリチュアルや目に見えないことにものすごく関心がある

地球的視点

ちょっと変わりもののようにあつかわれて、こっそりスピリチュアルを楽しんでいるが周りには言えない人も多い。よく見ると買う本はほとんどスピリチュアルや宇宙の本ばかり。地球的な遊びや楽しい事での心からの満足は意外と少ない。

宇宙的視点

宇宙は波動や意識で成り立っているので、とても自然なこと。今までの地球があまりにも目に見えないことを軽視してきているので余計にそれに合わせようとして苦しくなっていた。波動や目に見えないことにこそ宇宙の真理があるので関心を抱くのは当たり前。

⑦ 転職の回数が多い

地球的視点

何をやっても続かないのでそんな自分を責めてきて情けなく思っている。周りからも何も続かない根性のない人と言われたり、自分でもそう思い込んでいる。なぜこんなに仕事が長続きしないのか自分でも疑問に思っている。

宇宙的視点

地球は宇宙からすると特別な体験がたくさんできるところなので、なるべくたくさんのことを経験したいと思って体験しているだけ。少し体験するとだいたいのことがわかるので、ほかのことにすぐ意識が向く。宇宙では体験したいところにピンポイントで体験しに行って、すぐ違うことを体験するということは普通のこと。

⑧目が澄んでいて、まっすぐにみつめるか、目をあわせられない

地球的視点

すべてを見透かしているように見える。目が合うとずっと話せなくなってしまうので反対に目をあわせない人も多い。

宇宙的視点

相手の目からいろんな情報をエネルギーで読み取っている。読み取りすぎて大変なこともある。目は心と直結している

⑨いつも孤独感の中にいる

地球的視点

孤独でかわいそうな感じ。社会的に、一般的にみんなと同じようになっていない自分は孤独のように感じる。どんなに周りに恵まれていたとしても孤独をいつも感じている人はとても多い。孤独を愛している人もいる。

宇宙的視点

地球では宇宙からの分離をかんじやすい。しかもほとんどの人が記憶を消して生まれてきているので、生まれたときから孤独を感じるのは普通のこと。この分離感は地球ならではの素晴らしい感覚。宇宙の仲間たちは分離感、孤独感をしっかり味わっている人を羨《うらや》ましいと思っている。

⑩ 周りと違っていることに劣等感がある

地球的視点

いつも自分の選択することが他と違うことで、よく悩む。なるべく普通に周りと同じようになりたくて努力するがなれない、自分はいつもはずれてるような気持ちで劣等感を感じている。

宇宙的視点

すべてのものは個性があり個性こそ宇宙である。同じようにすることはエネルギーを多く使うので不自然なこと。宇宙は変化することが自然なことであり、いろんな色（コントラスト）があるのが宇宙の自然な姿である。それぞれが違う個性を出すことによってバランスを取り宇宙は成り立っている。

⑪ 口癖は普通になりたい

地球的視点

普通になることばかりを考えている。どうやったら普通になれるか？　普通の人と同じようになるにはどうすればいいのか？　普通になれたらどれだけ楽か……と周りの人と自分をいつも比べて苦しくなっている。

宇宙的視点

普通というものがそもそも存在しない。だから普通がわからない。どんなに考えてもわからない。全く理解できない。外側のものに合わせることによって生きづらさを体験している。

⑫ 相手の思っていることがだいたいわかる

地球的視点

相手の思っていることがわかりすぎてそれを指摘して怒られたことがある。人の感情などが伝わって来て気分が悪くなることもある。エンパスであると言われたことがある。

宇宙的視点

エネルギーを読む力が強いということで宇宙的な力を使っている。能力が開いている証拠なのでとてもいいことである。ただ地球はいろんな波動の人がいるのですぐ一体化してしまい大変な人もいる。

⑬ お金のことがよくわからない

地球的視点

お金の扱い方がわからないのでたくさん使ってしまったり、ためることができない。あればすべて使う。お金が無くなることへの不安があったりお金に振り回されている。

宇宙的視点

そもそもお金というシステムが宇宙には存在しないので、お金のことがよくわからないのはあたりまえ。お金という枠の中で地球でいろんな経験をしているといえる。宇宙的にはお金はエネルギーなので意味はほとんどない。

⑭ 集団や団体行動が苦手できらい

地球的視点

みんなと同じようにする理由がよくわからない。集団での学校生活が苦手で、それは社会に出てからも同じ。大人数で何かしようとすると、拒否反応が出る。個人的にやっている方が楽である。

宇宙的視点

個人を尊重して干渉は相手が求めたらできるのが宇宙。みんなで全く同じことをするということはほとんどないのでよくわからないのは当たり前。地球的な経験をしている。

⑮ 思ったことをはっきり言いすぎて怒られたことがある

地球的視点

小さなころに思ったことを言って大人に怒られたり、大人になってからもはっきり言いすぎて相手に嫌われたりした経験がある。悪気はないがどうしても言いたくなってしまう。

そして友達がどんどん減っていった経験がある。

宇宙的視点

隠すという行為がないので自然なこと。地球は隠して塗り固めてきているので本当のことを言われるとびっくりしてしまう。いけないことだと思いこむことで苦しさなどを体験してきている。

⑯不眠症、睡眠障害、耳鳴り、偏頭痛などがある

地球的視点

寝れなくて次の日の仕事によく影響が出ている。原因不明の耳鳴り、偏頭痛など薬を飲んでも一向によくならなくて悩まされている。

宇宙的視点

いつも宇宙からコンタクトが来ていたり、テレパシーを無意識でキャッチしている。地球の時間軸と違うところにアクセスしている。波動が高くエネルギーが上がりやすい人にも多いのでグランディングするとよい。宇宙人は寝ない人も多いので気にする必要はない。

⑰アレルギーや皮膚病などを持つ人が多い

地球的視点

敏感ですぐにいろんな反応が出る。なおったとおもってもまたすぐに違うアレルギーが出る。自分はアレルギーが多く弱いと思っている。

宇宙的視点

地球は強烈なものが多いので高次元からするとそこに反応する。繊細で純粋なエネルギーを持つということ。

⑱根は楽天的だが悩む癖がある

地球的視点

いつも悩んでいる。悩んでいないことはないほど悩んでいる。そんな自分が嫌になるがやっぱりいつも悩んでしまう。

宇宙的視点

宇宙からすると悩むという行為はとても素敵なことで憧れている。みんなそれをやりたくて地球にいるともいえる。

⑲絵や音楽から感情やその時の情景がうかぶ

地球的視点

感性が豊かで芸術的なものにひかれる。そういうものに触れていると本当にいい気分になる。

宇宙的視点

絵や音楽からエネルギーを読み取っている。そのエネルギーから情景やかかわっている人の映像なども読み取っている。

⑳スターシードという言葉に反応する

地球的視点

なぜかわからないけど気になる言葉。反応しすぎて、いてもたってもいられなくなる。

宇宙的視点

あなたはスターシードそのもので地球に来ているので、あたりまえのこと。

スターシードの外見的特徴

スターシードは内面からあふれ出る美しさがあり、見た目にも特徴があると言われています。主な特徴としては次のようなものがあります。

①男性も女性も超えたような内面からあふれる美しさをもっている
②精神年齢が高いので小さなころは実年齢よりも上に見られる
③大人になってからは、年を増す毎に実年齢よりも若く見られる人が多い
④どこを見ているかわからない目ですべてを見通すような美しい目をしている
⑤とても独特で変わっていて特別な雰囲気を持っている
⑥細身で手足が長くすらっとしている人が比較的多い

★スターシードは大きく分けて3種類

スターシードは大きく分けて3種類に分類されています。すべてがこれに当てはまるわけではありませんが自分がどの種類のスターシードか、またあの人はこの種類だなどと気が付くと生きることがより楽になって行くでしょう。

1 新型のスターシード

地球での転生回数がほとんどないスターシード

宇宙から地球に初めて転生してきたか、または地球での経験の回数の少ないスターシードは「新型」と呼ばれています。

才能豊かでびっくりするような奇抜なアイデアや、斬新で独創的な誰も思いつかないような発想や才能を持っている人も多く、突破口を作る事ができたり人を巻き込む力もとても強いのが特徴です。自分と同じようにみんなも考えていて共通している、という価値観を持っている事もあります。

地球での経験がほとんどないので、強烈な生きづらさを感じている人が多いのも特徴です。純粋すぎるため地球のあらゆることに敏感に過剰に反応してしまい、引きこもりやうつ症状が出てくる人もいます。人間関係では人に馴染めず付き合い方もよくわからず、トラブルになったり苦しさを感じていたりすることもあります。地球に慣れていない為、地球で暮らすことそのものに生きづらさを感じています。不安、孤独、疎外感を感じ、落ち込んだりふさぎこんでしまう人もいます。

○新型の子供がたくさん生まれてきている

新型のスターシードの子供たちは地球での経験がほとんどありません。彼らの見た目は子供ですが魂的には宇宙での経験豊富な魂です。

新型のスターシードの子供たちは、今まで地球に生まれたことのないタイプの子供たちです。前例がないので、発達障害やアスペルガーなど障害があると分類されている子供も多くいます。

生まれてから摩擦を起こさないようにある程度進んだ柔軟なこの時代を選んで生まれてきています。また、やさしく柔軟、寛大な親や同じスターシードの親を選んで生まれてきています。

彼らの一番の目的は親や周りの人たちの覚醒や意識を変えていくことにあります。

2　一般型スターシード

何度も地球での生まれ変わりを経験しているスターシード

宇宙から地球に今まで何度も転生し地球での生まれ変わりを経験しているスターシードのことを一般型スターシードと言います。何度も地球で生まれ変わり、成長をしてきたたくましい魂です。一般型スターシードは新型のスターシードに比べると地球での経験値が多く慣れています。世渡りもある程度うまくでき人間関係もそつなくこなせます。

またスピリチュアル能力も高く宇宙とつながっています。宇宙の真理などを地球的にわかりやすく順序立てて説明したりすることができます。地球での過去世のさまざまな時代の中で宇宙とつながりながら必要なメッセージを発信、表現して時代をけん引してきた魂たちです。

高い宇宙エネルギーを持ち続けながら地球での輪廻転生を繰り返してきているので、人の気持ちが読めたり、言ってることと思ってることが違うと小さなころから自問自答しながら葛藤をしてきていることもあります。

スピリチュアルや宇宙に小さなころから関心があり、そこが自分の居場所で帰る場所だとなんとなくわかっています。自己肯定感が少し低いです。今世を終えてから久しぶりに宇宙に戻るスターシードも多くはこの一般型の中にあてはまります。

3 オールドソウル型スターシード

宇宙でも地球でも何度も生まれ変わりを経験している古い魂のスターシード

宇宙でも地球でも数え切れないほどの回数を転生してきた古い魂を持つ人のことをオールドソウル型スターシードといいます。生まれたときから、自分はなぜ地球に生まれたのかと自問自答し、僧侶や牧師など宗教にも強く関心をもち、携わっている人も多いです。

何度も地球やほかの惑星での次元上昇（アセンション）を体験し貢献しているので、いつも落ち着いていて、真理をとらえています。また地球での強い使命感を持って活動している人も多いです。オールドソウルは、転生を繰り返して物質界の体験を他の魂よりも多く積んでいるので、どんな人の気持ちにも寄り添うことができます。現在の地球上には今まで例がないほどのオールドソウルが存在していると言われています。

宇宙や地球での沢山の経験から感覚でほとんどのことを理解し、持っている知識や情報もとても多いです。その感覚は地球や宇宙、銀河も超えて大元の意識とダイレクトにつながっているのでパワフルです。多くの人たちの人生を変革する力を持っていて、能力はもちろん宇宙的な広く深い愛で物事を見ています。いろんなことに素直に感謝して過ごしてきていて、人生の中盤あたりで、スピリチュアルなどに興味を持ち始めて一気に開花する。なぜかスピリチュアルや宇宙のことを聞くと全部理解できるのです。器用でなにをやってもうまくできます。

★ものすごく能力の高いスターシードの子供たち

宇宙での経験豊富なスターシードの子供たちがたくさん生まれている

今たくさんのスターシードの子供たちが生まれてきています。宇宙から来た魂を持つ子供たちはとても個性的で規格外の存在です。そんな子供を持つ親は子供のことを理解できない、なぜこんな行動をとるのか、苦しさを感じることも多いでしょう。他の子供とくらべてうちの子はなぜこんな子なんだろうと悩む人も多いです。

スターシードの子供はスターチャイルドとも呼ばれています。とても波動が高く、一見

波動

すると不器用に見えますが本当に大事なことを教えてくれる存在なのです。そして子供たちに共通している目的は「親や周りの覚醒のために生まれてきている」ということです。大人の凝り固まった地球的観念から愛と調和の本当の世界に身をもって導いてくれている存在なのです。

スターチャイルド

高い能力と高次元との強いつながりをもつ魂です。宇宙で使っていた特殊な能力をそのままもっている子も多いです。スターチャイルドは細かく分析するとインディゴチルドレン、クリスタルチルドレン、レインボウチルドレンになります。

特徴
テレパシーを巧みに使うことができる
精神性が高く愛と調和のやさしさをもっている
前世で宇宙人だった記憶があり宇宙やＵＦＯのことも知っている
大人でもわからないようなことを多く知っていて言葉にすることができる
記憶力がすぐれていてそれを鮮明に思い出すことができる
時間や空間の操作ができて時空のゆがみをよく経験している
目に見えない存在とコンタクトをしてそれを伝えてくる
宇宙のことにとても詳しく、聞くと答えてくれる

インディゴチルドレン

エネルギーが強く戦士や開拓者・経営者的な気質を持つスターシード

１９６０年以降に生まれた子供たちの中にインディゴチルドレンは存在していて、地球の古い固定観念や社会のルールなどを壊し新しい時代の考え方や仕組みを築いていく存在であると言われています。エネルギーが強く戦士や開拓者、経営者的な気質を持っていてアーティストやクリエイティブなタイプも多いのが特徴です。自閉症やＡＤＨＤなどと診断されている場合もあります。

インディゴチルドレンの多くは古い地球のシステムや考え方に全く共感しないで自分の感覚を重視して生きているので、地球の中では問題のある子や障害のある子とされていることが多いです。そして何よりも常に高次元やハイヤーセルフと深くつながっているので驚くような発想と爆発的な行動力が特徴ともいえます。彼らの斬新で自由な発想は、多くの凝り固まった考え方からたくさんの人たちを解放させ自由に開花させてゆく力を持っています。初期のインディゴチルドレンは時代もまだ追いついていなかったので、わかり合える人が少なく自虐的になってしまう傾向が多かったようですが、今はスピリチュアルや目に見えないことへの関心や理解も深まり、比較的らくに過ごせているようです。

多くのインディゴチルドレンたちは、プレアデス文明またはシリウス文明から地球へ転生して高次元文明を経験してきた魂をもっています。感受性や波動の高い彼らは無意識にテレパシーで会話をしていたりするので、周りのひとからは口数が少ないとか内向的と思われていますが、心の中はとても朗らかに他の誰よりも会話を楽しんでいろんな存在とコミュニケーションを取っていると言われています。

大人になったインディゴチルドレンはだいたいヒーラーやスピリチュアルなことで活躍していたり、色んな分野で人の覚醒を促すような活動をしています。スピリチュアルに興味がある人、宇宙に意識が向く人もほとんどがインディゴチルドレンでありスターシードです。

クリスタルチルドレン

愛と調和の光を放つ純粋なスターシード

１９６０年から始まったインディゴチルドレンによる地球開拓により、地球に来やすくなった超純粋な意識をもつスターシードをクリスタルチルドレンといいます。愛や調和、平和な世界を作るピュアで純粋な存在のクリスタルチルドレンは、その存在から醸し出すエネルギーで愛と調和のエネルギーを地球に浸透させています。インディゴチルドレンによる地球の波動調整のおかげで転生できたというほど純粋な存在で、争いやケンカなどに弱く精神的に打たれ弱い面があります。

彼らの存在の意味は社会や世界に新しい価値観のエネルギーを浸透させなじませる事にあり、すでに世界中で色々な子供たちが活躍し始めています。人間離れした能力を持った子供。宇宙人だった意識を持ったまま生まれてきた子供。愛と調和の光を放つ彼らの存在は多くの大人たちの覚醒に影響し、愛にあふれた行動や発言はいとも簡単に沢山のことをやってのけ、本当に大事なことを教えてくれています。彼らの純粋な心とエネルギーを大事に学んでいくこと、生かしてあげることが大人たちの課題でありそれが気付きや覚醒につながっていくのです。

レインボウチルドレン

悟りの境地に達していてすでに覚醒しているスターシード

クリスタルチルドレンのあとに地球に転生してきているスターシードをレインボウチルドレンといいます。地球の波動上昇、アセンションを見守るために、そして完全な状態ま

でサポートするために生まれてきていると言われています。生まれたときからほかの子と違った行動をとり、地球に生まれてきた自分の使命や目的をわかっています。ほとんどの物事の背景を小さなころから理解し公平で大きな視点で物事をみています。悟りの境地に達していてすでに覚醒しているので地球での学びの必要はなく、多くの人に愛や心をベースにした、安心と自由を促すことをしています。クリスタルチルドレンが成長の過程で、覚醒してレインボウチルドレンに変わることも多くあります。

このような流れで、インディゴチルドレンからクリスタルチルドレン、レインボウチルドレンのスターシードが地球に転生してきてサポートをしています。高波動の子供たちがなぜこんなに生まれているかといえば、今まで当たり前のようになっていた地球のネガティブエネルギーからできているルールや集合意識を変容させるため覚醒のために、たのもしい宇宙の実力者たちが子供となって生まれてきてくれているからなのです。

★あなたは紛れもなく『スターシード』です

ここまで読み進めた方の中には、「私って、スターシードなの？」「スターシードかどうか確かめたい」そう思っている人も多いはずです。

それでは、今からその疑問にお答えしていきます。

意外と少ない？　日本と世界のスターシードの人数

スターシードは、世界で約１００万人いると言われています。そのうち、日本には24万4千人のスターシードが存在しているといわれていて、すでに多くのスターシードたちの覚醒が進んでいます。これはいま現在のスターシードの数なのでさらに地球の波動上昇とともに覚醒するスターシードが増えるでしょう。また今後生まれてくる子供たちもほとんどが宇宙から転生してくるスターシードなのでさらに増えて行くでしょう。

この本を読んでいる人は全員スターシード

先程スターシードの人数を知って、「そんなに少ないの？　じゃあ私は違うかな」そう思った人もいることでしょう。

しかしながら、スターシードという言葉にピンと来る人は、紛れもなくスターシードです。あなたのハイヤーセルフがこのタイミングで、あなたにこの本に出会うように導いたのかもしれません。

宇宙的に観ると、みんなスターシード

スターシードであるか、そうでないか。2つをジャッジすると、それは「自分が特別の存在だ」という分離の世界観を生んでしまいます。

それは、宇宙的な観点ではありません。

今までお話ししたように、ほぼ全員が、宇宙由来の魂なのです。宇宙由来のあなたは、ある時、ある星（スター）で、このタイミングの地球へ転生しようという種（シード）をやどし、地球にうまれたのです。

スターシードであるか、ないかではなく、**スターシードであることに気づく時、あなたはスターシードとなります。**

あなたが宇宙由来の魂であるスターシードである事に気づき、地球的な枠をこえた生き方をする時、あなたは最高に輝き、多くの人を照らしていくことでしょう。**あなたは紛れもなくスターシードです。**

STAR SEED

コラム

アトランティス文明を経験したスターシードたち

　アトランティス文明を生きたスターシードの魂は、現在アメリカやヨーロッパに多く転生して生まれてきています。アトランティス文明では崩壊の道に進んでしまい、心の奥深くに罪悪感をもっているのが特徴です。光ある道を今度こそ導いて築いていくという目的をもってこの時代を選んでやってきています。ただ未だに自分自身がスターシードであることや、アトランティスのことなど本来の魂の道に気がついていない人も多いようです。そのために多くのスターシードが地球でつながり手を取り合うことが必要になってきています。

宇宙からのメッセージ

新しい価値観や考え方の中でもっとも大事なのが愛です。すべては愛の中にあって愛の中で行われているのです。あなたたちが思うよりも宇宙の愛は計り知れない大きさですべてを許容する寛大さがあります。

あなたの存在そのものが愛であり最高で最善の愛です。あなたがありのままでいること、そのままの自分を認めることそのものが宇宙の愛の形なのです。

これからの地球は宇宙の愛の新しい価値観や考え方が広がっていくでしょう。

地球にいると宇宙や星、銀河はとても遠く感じるかもしれませんが、いつもつながっていてとても近いのです。

これから地球では宇宙の星や宇宙の仲間について次々に解明され交流をするようになるでしょう。その時にスムーズに移行できるように力になるのが宇宙の経験をもつ魂たちのありのままの愛だと知ってください。

〈宇宙にチャネリングをしてこの本を読んでくださっているみなさんへの宇宙からのメッセージを降ろしました。〉

第2章 「スターシード」はこんなにたくさんの星から地球に来ている

宇宙はこんなにユニークで個性的

宇宙にはたくさんの星や銀河が存在し、それはどれも多種多様でバラエティーに富んでいます。破天荒な女王様・王様や美しすぎるお姫様や女神。上半身が人間で下半身が馬のような存在、妖精のような存在、とても大きな巨人のような存在。昆虫のような姿の宇宙人、顔が鳥で体が人間、エネルギー体で形がなかった存在、ペガサスやイルカのような存在など……そのバリエーションや宇宙での経歴を聞くたびに本当にワクワクしてきます。多種多様のスターシードの仲間たちと今世地球で再会してるんだな~とおもうと本当に面白いです。これが本当の私たちやみんなの姿。私たちのルーツはここにあると思うと本当にワクワクしますよね！

ここからは主な宇宙人やその惑星の情報などを紹介していきます。

で、繊細なハートが傷つくのを恐れ、積極的に人と打ち解けることをあまりしません。外との関わりを断ち、一人だけで過ごす時間持つことでエネルギーチャージします。感情表現が乏しいので、人とのコミュニケーションが苦手ですが、音楽や絵などのアート的なツールを使って気持ちを伝えます。芸術の分野で活躍する芸能人やタレントに、オリオン星人は多くいます。

主にオリオン星人の見た目は、猫に似た姿や、ギリシャ神話の神々のようなパワフルで美しいヒューマノイドタイプ。吸い込まれそうな澄んだ青い目が特徴で、ちょっと憂いを帯びた印象もあります。

地球では傷ついた心を癒すため、陰と陽に二極性の統合のために地球に降り立ちました。さらに魂の進化のために、ネガティブとポジティブのどちらの経験もするチャレンジ精神の高いエネルギーです。

HISTORY

オリオン星人は元は、リラ、ベガ、シリウスの子孫です。

ベガとシリウスの間で起きたネガティブな波動の余波が、争いのエネルギーとしてオリオン星を戦場の地としました。本来は平和で愛情深いオリオン星人ですが、自分たちの惑星を守るために止むを得ず武力を持って対抗するしかありませんでした。やがて、陰と陽の二極化した戦争にまで発展し、オリオン大戦と呼ばれる長く凄惨な戦いが繰り広げられました。

一方、戦いから逃れたポジティブ派のオリオン星人は、魂を癒すために地球を訪れました。地球ではエネルギーワークや瞑想によって精神世界を深く追求した結果、愛による覚醒が起こり、やがて統合のエネルギーと転換させていきました。その意識は銀河全体へも広がり、癒しと浄化が起こっています。

POWER ITEM

ローズクォーツ

ローズクォーツの持つ無条件の愛はハートチャクラに作用するので、ヒーリングが起こり感情的な傷や恐怖を癒してくれます。美意識や愛の意識が高まり、感情のバランスを整え、恋愛や豊かさを引き寄せます。

オリオン星人

とても知的で精神性が高く、物事を冷静に判断する性質を持つオリオン星人。あらゆるトピックについて幅広く情報を持ち、インテリジェンスな雰囲気を持ちます。自分の意見を簡単に変更しない頑固な部分もあるので、人の意見を聞き入れたり、新しい考え方を取り入れるのがちょっと苦手。誰かに対して拒否反応やジレンマを感じてしまうのは、オリオン星人であったころの記憶が残っているのかもしれません。

オリオン星人は、スターウォーズやアベンジャーズのような善と悪の戦いを経験しているので、仲間と切磋琢磨し競争を楽しむのが好きです。理想や野心がとても高いので、常に上を目指そうとがんばる完璧主義的なところもあります。そのため他人にも同じことを期待してしまうので、いつのまにか友好的な関係を失う可能性もあります。誰かに勝たなければという渇望感や、今の現状に満足しない欠乏感が心に刻まれているのでしょう。

もともとは、ユーモラスで愛情深く平和主義な魂。精神性が高いので、プライバシーをとても大切にします。実はかなり内面的な性格その反面、カジュアルな友達はたくさんいますが、実は友達関係は慎重で、心から許せる親しい友達はあまりいません。エネルギーがとてもピュアで傷つきやすいので、自由な一人の時間を大切にします。

世俗的な成功にはあまり興味がなく、精神性の高いつながりや霊的成長ができるような事柄をとても大切にしています。そのため、企業や会社などの組織的な構造の中で働くという考えは、もともとありません。とてもクリエイティブなので、デザインやアート、建築家など、何かを創造して行く仕事に就くでしょう。人に何かを教えるのも上手なので、スピリチュアルな活動やティーチャーとしても成功します。目的達成のためには緻密に計画を立て遂行し、現実化させるのが得意です。

アルクトゥルス星人は慈悲深い愛を持ち、スターシードとして地球に奉仕することに同意した魂です。多くの人たちが霊的に成長するのをサポートし、ウォークインとして地球に存在することもあります。

HISTORY

肉体を持たず存在することを選択したのが、アルクトゥルス星人です。リラ星で最初に意識が存在したとき、他の宇宙種族は肉体を持つことを選びましたが、アルクトゥルス星人は非物質的存在でいることを選択しました。

はるか昔から地球を見守り続け、無条件の愛で地球を大災害から免れるよう守護をしてきました。レムリア・アトランティス・エジプトのほか、ローマ帝国や古代ギリシャにもグループで訪れ、地球上でのプロトタイプとなる社会を築いています。

存在の状態を変えたり時空間を移動するのに神聖幾何学を使用し、地球人にも影響を与えました。ミステリーサークルや、イースター島のモアイ像に、アルクトゥルス星人との関わりを見ることができます。

POWER ITEM

オラクルカード

ガイドや高い存在からのメッセージを、美しい絵が描かれたカードで読む解くオラクルカード。カードを読み解くことで直観力を高め、ガイドとの繋がりを感じながら、魂の本質や気づき、生きるヒントなどを導き出してくれます。

アルクトゥルス星人

牛飼い座に集まった、肉体を持たず奉仕する意識が高い存在たちがアルクトゥルス星人です。銀河系の中でも最も進化した種族で、高い知性を持ちとても博識。魂を癒すヒーラーとして、宇宙全体に影響を与えています。

虹色のオーラを持ち、常にグループ意識で行動しますが、物質界には天使の姿やエーテル体として現ます。テレパシーや透視能力を使ってコミュニケーションをし、高度なテクノロジー・量子物理学・錬金術・天文学が得意。また音や、光・色・匂いにとても敏感で、その周波数を利用して宇宙の情報伝達や癒しのサポートをしています。

アルクトゥルス星人の魂を持つ人は、子供の頃から自分の人生には何か目的があることを感じています。しかし、ただその目的が何なのか人生の後半まで分からない人もいますが、自然にスピリチュアル的な人生を歩むようになります。

とてもフレンドリーで愛情深く、いつもハッピー。独特のユーモアセンスを持っているので、笑いのツボが他の人と違うかもしれません。

のために、誰もやったことのないようなやり方で革新的に推し進めていくエネルギッシュな存在。一方、地球での生活は制約や義務感を感じるのでとても窮屈で、コントロールの強い家庭や社会では自尊心を維持するために消極的になったり、その場から逃げ去ってしまうこともあります。

アンドロメダ星は地球より重力が軽いので、アンドロメダ星人の体は地球人より大きいヒューマノイドタイプ。外見はいくつかの種類がありますが、主に北欧人のような白い肌にブロンド・青い目のタイプ、地中海人の褐色のタイプ、東洋人のような黒髪のタイプがいます。

地球では自由な想像性を生かして、アーティストやフリーランスな生き方、スピリチュアリストなどとして、人々に自由を感じることを教えています。無償の愛を人々に教え、地球が向かうべき5次元へのアセンションをサポートすることに深く関わっています。

HISTORY

私たちの惑星の多くは、アンドロメダ銀河を起源としています。銀河の隣人であるアンドロメダ銀河は、地球から肉眼で見える最も遠い天体で、その一兆以上ある星の惑星の1つに、アンドロメダ星人は住んでいます。

アンドロメダは、天の川銀河の玄関口の役割をしているので、外宇宙からの侵略や攻撃を防いだり、別の銀河系宇宙との橋渡をサポートしています。

地球とは早い時代から関わりを持ち、地球の進化に貢献してきました。地球の守護天使からの要請を受け、神話の中にも神として登場しています。シュメール壁画に描かれている翼のある絵は、アンドロメダ星人だと言われています。新しい銀河のエネルギーの道すじを照らし、人々の意識拡大とアセンションに導く役割をしています。

POWER ITEM

神聖幾何学模様のグッズ

幾何学模様は宇宙の叡智にあふれ、生命エネルギーを形に閉じ込めています。創造的な根源のエネルギーに触れることで、場の浄化やヒーリング、波動調整、覚醒を呼び起こすポジティブなエネルギーを放ちます。

アンドロメダ星人

何よりも自由と平和をこよなく愛し、ユーモラスで優しい雰囲気をまとっているアンドロメダ星人。ヒーリングとコミュニケーション能力が高いので、幼い頃から人懐っこく、一緒にいて安心感があります。男性性と女性性のエネルギーバランスが完璧に調和しているので、人々を惹きつける不思議な魅力があり、放つオーラはゴールドです。秩序と調和、美の構造エネルギーの知識を持ち、地球の創造的な働きのために貢献しています。

旅行や交通手段を使っての移動が大好きで、世界中を自由に旅して歩いたり、自由なスタイルで暮らしたりすることで、人々に自由と解放の素晴らしさを示しています。仕事や職種、パートナーが次々に変わったりすることもアンドロメダ星人ならではの特徴。約束や義務などを嫌い、束縛されず自由を愛するゆえの行動ですが、すべては経験としてのステップアップなのです。もちろん、時間に縛られるのも嫌なので待ち合わせなどは遅れる事も多いでしょう。

時には強い正義感を持つために、社会や権力の不条理に立ち向かうべく孤軍奮闘することもあります。もっと開かれた地球社会の進化

ウスBは、一人でとことん突き詰めて研究するのを好み、空想を好んだり哲学的な考えを持ちます。そして、シリウスBの三番目の惑星は、イルカやクジラ、人魚・龍などの高いバイブレーションを持った水生生物が住まう青い惑星です。この動物たちは地球に移り住み、非常に高い無条件の愛の振動をふりまきながら、喜びと遊び心を体現し、人々のソースとの繋がりや喜びの感覚を取り戻すサポートをしています。

奉仕する意識がとても強いので、古代から地球のアセンションのために関わってきました。レムリアやアトランティスの時代にも訪れており、古代のエジプトやシュメール文化の時代の神話や遺跡に、シリウス星人が神として描かれています。消えたり現れたりするので、古代人はシリウス星人を神として崇めたのです。高度な技術と創造エネルギーを使って、ピラミッドの建設やマヤ暦を地球人に教え、宇宙意識に目覚めるサポートをしています。

HISTORY

リラとベガを起源に持つ多種多様な種族のうち、気高くポジティブな意識を持つものたちが集って作り上げたコミュニティがシリウスです。

争いや支配・分離を好まず、高い精神性を持った純粋な魂たちのコミュニティを作ることで、統合した平和な世界を目指しました。アルクトゥルスやリラの次に誕生した存在たちで、太陽系に近いいくつかの惑星に住み、バラエティー豊かな姿で存在しています。シリウス星人は多種多様な種族の融合を目的としていたので、遺伝子工学の技術に優れています。そして、古代の神々へと姿を変えて、地球人の目覚めと統合のため地球へ降り立っています。

シリウス星人は、すでにアセンションした存在です。奉仕する喜びから、アルクトゥルスと結束し、癒しのエネルギーを宇宙全体に広げています。

POWER ITEM

クリスタル

クリスタルは、スターシードの成長をサポートしてくれるパートナーのような存在です。シリウス星人はクリスタルとはとても縁がありました。クリスタルと繋がることで、より高い意識や周波数の状態になり、目覚めのプロセスを穏やかに促進させてくれます。

シリウス星人

シリウス星人は実に多種多様で、いろいろな容姿の人がいます。青や緑色の肌の人、猫やライオンのような顔をした宇宙種族など……。ユニコーンやペガサス、グリフィンなど神話上の生き物もシリウスに属します。とても豊かで美しい自然に囲まれた環境で暮らし、高い知性とスピリチュアルな能力を持っています。シリウス星人は感性が非常に豊かですが、とても冷静でクール。客観的な立場から物事を判断し、行動します。理想がとても高く、自分の気持ちを表現するのが苦手なので、コミュニケーションがあまり上手ではありません。器用に何でもこなしてしまうので、5次元から来たシリウス星人は、3次元の地球人の気持ちが分からなかったりします。シリウスでは非物質のレベルだったので地球の生活を不自由に思うことが多く、物事を管理したり掃除することが苦手です。

シリウスは、大きく分類すると地球から見える最も明るい星であるシリウスA、肉眼では見ることのできないシリウスBがあります。主にシリウスAは、テクノロジーやマーケティングに優れ、社交的で周りとの関係を友好に保ちながら、切磋琢磨していくのが好きです。シリしかし、これは、ゼータレチクル星人の歩んできた歴史の影響によるものなのです。ゼータレチクル星人は過去に自分たちの故郷を滅ぼし、長い間閉鎖的な地下で生き延びてきました。生き延びるためにあらゆる感情を排除し、優れた遺伝子工学とクローン技術を開発して子孫を増やし生きてきたのです。

ゼータレチクル星人は主に身長100センチ前後の小柄な体系で、イルカのような肌質をしています。肌の色は青から灰色、ベージュや茶、白など、多くの色のバリエーションがあります。特徴的な大きな頭は脳の発達によるもので、大きく黒い瞳は地下での生活が長かったため瞳孔のみです。そしてクローン種には生殖器官がなく、個体差のない同じような姿をしています。

ゼータレチクル星人と地球とが協力体制を結ぶことでお互いから学びあい、ハートとマインドの統合を目的としています。地球をサポートすることで自らの傷を癒し、地球を愛とアセンションに導くようサポートしています。

HISTORY

ゼータレチクル星人は、かつてはベガ文明の一部でした。ベガのエイペックスという惑星に住み、高度な技術で、原子力や化学物質を扱っていました。

しかしその技術の進歩がゼータレチクル星人の霊的成長より上回り、誤った使い方をしてしまったため、争いや汚染された環境を作り出してしまいました。核戦争が起こり有害物質が蔓延したため、地表に住むことができなくなったゼータレチクル星人は、長期間地下に潜って生き延びます。

自滅を回避するため、彼らは急速に知性を発達させる必要がありました。そのため脳がとても大きくなり、今のようなグレイと呼ばれる宇宙人の姿になります。頭が大きくなったので、自然な出産が困難になってしまいました。そこでクローン技術を使い仲間を増やしたため、皆同じような姿をしています。

POWER ITEM

サンキャッチャー

太陽の光は心の解放を促し、高い振動エネルギーが場を浄化しクリアーにします。サンキャッチャーを通過した虹の光はキラキラと部屋の中に拡散し、ハッピーな気持ちになり周波数を高めてくれます。

ゼータレチクル星人

地球で最もポピュラーな宇宙人として知られるゼータレチクル星人。ほとんどの存在が灰色をしているので、「グレイ」といった方が馴染み深いでしょう。その姿形からネガティブな印象を受けますが、地球人とは友好的な協力体制にあります。エササニ星のバシャールも、ゼータレチクル星人の子孫であることから、地球の未来に手を差し伸べサポートしています。

ゼータレチクル星人はとても忍耐強い種族で、テレパシーやサイキック能力があります。時空間を自由に操り、非常に高い知性を持っています。物事を分析的に判断し、合理的に効率的な作業方法を瞬時に思いつき行動します。

非社交的でクールなので、相手の感情を受け入れるのが苦手。そのため無表情で喜怒哀楽などの感情表現が乏しく、またその必要性も感じていません。負けず嫌いでプライドが高く、常に満たされていない欠乏感を持ち、神経質でイライラしています。ストレスをストレスと感じられないほどに、感情を抑圧しています。

パートナーシップでは、お互いの深い信頼から成り立っているので、独占や束縛はほとんどなく、嫉妬心もありません。宇宙とつながる深い愛で満たされているので、お互いを尊重し自由に関係を結びます。子育てもコミュニティみんなで育て、子供たちは誰からも愛されて育ちます。大人たちは子供の才能を早くから見極め、本当に心からの喜びや魂の信念に沿った職業を見つけてあげます。

プレアデス星人は、地球人の遺伝子を体内に持つので地球人に最も近い姿形をしています。性別は主に女性の方が多く、長い手足をしたスラリとした体型で、背も高いのが特徴です。容姿はとても美しく、透き通るような白い肌でブロンドに輝く明るい髪色をしています。瞳の色は、青や緑色です。

プレアデス星人は、地球人の意識の拡大と無条件の愛へ目覚め、魂の成長を共にサポートしながら近い将来にコンタクトを取るべき存在です。

HISTORY

もともとはリラ文明から発生し、リラ星とベガ星との戦いから逃れてきた人々が、新たに築いたのがプレアデス。おうし座の近くにあるプレアデス星団に移住して、独自の社会やシステムを生み出したもっとも若い文明です。

青く美しい惑星である地球を発見し、その豊かな自然と資源を備えた北欧に移住しました。地球の環境に適応できるようにするため、地球の遺伝子を体内に取り入れていくことで徐々に地球に対応し、今の地球人に最も近いヒューマノイド形をしています。

プレアデスは、近未来の地球の姿でもあるので、プレアデス星人は地球人のガイドとして行動しています。地球人の制限やブロックを取り除き、5次元へアセンションするサポートを担っています。

POWER ITEM

エンジェルのグッズ

身近に天使のエネルギーを感じることで、自然とハートが開かれ高次元との繋がりを強化します。天使のやさしいゆったりとした愛の周波数は、とても平和で幸福感に満ち、ヒーリングの効果があります。

プレアデス星人

レムリアの時代からプレアデス星人は地球に転生し、地球の進化のためサポートしてきました。内側から溢れ出るような慈悲深いエネルギーを放ち、平和と静寂さを好み争いや戦うことをしません。自然や動物たちに囲まれて暮らし、愛情深く親切で癒しの能力に優れています。プレアデス星人はとてもフレンドリーなので、彼らがいると場の雰囲気が自然に明るくなります。

洞察力が鋭く聞き上手であるため、共感能力やコミュニケーション能力に秀でています。研究熱心で、頭で分析する理論的思考家。たくさんの情報や意識の伝達を光によって通信し、常にみんなと共有するのを好みます。

また、とても繊細で傷つきやすい心を持っているため、いつのまにか自分の感情を内に秘め怒りをためてしまうこともあります。やがて心のバランスを失い体調を崩してしまいますが、その時はプレアデス星人の得意とするコミュニケーションと光の伝達で、みんなで痛みを共感し和らげるのです。愛に満ちたエネルギーをみんなと共有することに、この上ない喜びを見出します。

姿形も相手の必要に合わせて変化させたりします。そして、それが本心であるかはまた別問題です。一方、挑戦するのは大好きですが、急いで結果を出そうとはせず時間をかけてじっくりと慎重に検討します。気が散りやすい場面もあるので、物事を他の人にまかせっきりで不完全なままで終わってしまうことも、しばしばあります。

ベガ星人の見た目は多種多様ですが、主に体は小さく細身で、褐色の肌をしていて黒髪です。インドのヨギや聖者、アボリジニーのような感じです。また、ヒンドゥー教の神々のような青や赤の肌のグループもいます。目の色は暗い茶色で、内宇宙を探求するかのように輝いています。

ベガ星のマスターたちは、地球人が神の愛の意識につながることをサポートしています。物質的な制限を超越した深いエネルギーと意識のレベルにつながり、聖者や神のようにして生きることを伝え、愛情深く見守っています。

HISTORY

リラ星人の考えと反し、独自の思想と霊性を探求するために生まれた文明がベガです。より内なる宇宙を探求し独自の哲学を表現するために、リラから分離しました。リラ星人とは分かちあえず、統合へ向かうことなく平行線のままだったので、自然な成り行きで別れていきました。

やがて、ベガ星人は他の惑星にも旅をし、膨大な年月をかけて様々な文化と交流し成長してゆきました。地球に最初に訪れたのは、ベガ星人です。平和的・友好的に暮らすためでした。地球には、工芸や医学・高度なテクノロジーなどのほか、瞑想や哲学といった多くのスピリチュアルな実践方法などが伝えられました。

ベガの神秘主義は、地球人の目覚めのため、日本の神道やアイヌ、チベット、アボリジニー、アメリカの先住民、ヒンドゥー教などに深く根付いています。

POWER ITEM

音叉・シンキングボウル

音の響きにより、一瞬で空間の周波数を変えエネルギー調整になります。高い周波数に共鳴し同期化を促すので、乱れた波動を整え心身のバランスを癒し、場の浄化にもなります。

ベガ星人

琴座のリラ星人から派生した宇宙種族で、高い精神性を持ちます。リラ星人が外側のエネルギーを司るとすれば、内なる宇宙を探求するエネルギーを持つのがベガ星人。独自の思想や哲学を表現する文化を作り上げました。

より自分の内なる神性を深めるため、非常に思想的でスピリチュアルです。一人で過ごすのが好きで、瞑想による神秘主義的な世界を探求します。強い意思と自信を持ち、誇り高く、自分の信念を追い求めるために常に挑戦をし続けます。非常に独創的で知的なので、アーティストやデザイナー、発明家や建築家などのように、創造的要素と知的要素を組み合わせた表現が得意です。

未知のものには憧れがあり、好奇心旺盛で勇敢なので、あらゆる方面でのパイオニア的存在になります。ベガ星人は、自分を必要としてくれる人がいると力がみなぎるタイプ。愛想もよく面倒見がいいので、人々はベガ星人の人柄に尊敬し自然に集まってきます。

相手の心に寄り添い、自分の気持ちを合わせるのが得意なので、その反面、心がとても繊細なので一人になると孤独感を感じることもあります。故郷の惑星が崩壊してしまったので、望郷の念にかられることもあるのでしょう。

リラ星人の外見は多様ですが、人間に似たヒューマノイドタイプは、しっかりした骨格で背が高く白い髪や肌の美しい顔立ちをしています。また、猫のような目鼻立や、鳥のような風貌、ライオンに似た風格のものがいます。一般に猫系のヒューマノイドは、長い髪やタテガミのようなものを持ち、装飾的な服を着るのが好きです。非常にテレパシックで、猫の原型は、やがてシリウスやプレアデスなど他の星々にも散らばりました。

リラ星人の長老たちは、とても高いテクノロジーと高い精神性の融合において、地球の地質に対しサポートしています。地球のアセンションに連動した地質の影響を守護しています。

HISTORY

リラは琴座に属した惑星で、地球の歴史が始まる遥か前から存在していました。宇宙人のルーツである存在がリラ星人です。

リラでの文明が始まったばかりの頃は、とても平和な暮らしが続きました。やがて人口も増えて文明も発達していき、宇宙中を冒険して飛び回り、様々な惑星に移住しました。中には琴座のベガに移住した存在も含まれていました。

他の惑星との交流が盛んになるにつれ、文明や技術・思想などが発達しましたが、陰と陽の二極化した力学が発生しました。リラと相反する思想を持つ存在たちは、ベガ文明を築き、それぞれの文明を発達させていきました。

リラ星人は太古の昔、地球のアトランティスにも訪れたことがあります。そこで火の要素を提供し、地球人に知恵や才能を授けました。

POWER ITEM

キャンドル

炎の柔らかい光は、身体と脳のストレスを和らげ沈静化し、深い癒しの効果があります。炎ゆらぎのリズムが緊張をほどき、穏やかな瞑想状態に導きます。また空間を浄化して、波動を高めてくれます。

リラ星人

銀河系のヒューマノイドの原型であるリラ星人は、宇宙人の祖先にあたります。ほとんどの宇宙種族は、琴座のリラ星人から派生しました。魂年齢が高く非常に経験豊富なため、物事に対しては恐れることなく勇敢に突き進む男性的なエネルギーの持ち主です。

とてもタフな肉体を持ち、常にスリリングな体験を求め、自らの欲求に対してはあまり深く考えずに素直に行動します。例えば、命の危険が伴うようなスポーツや、ロッククライミングやスカイダイビングなどは喜び勇んでゲーム感覚で挑戦します。また、美味しい食べ物や飲み物・音楽やカルチャーなど新しいものには目がなく、最高のものを追い求めることに夢中。さらにパートナーシップにおいても、情熱的に追い求める傾向にあります。恋人がたくさんいるのも、リラ星人の特徴です。

忠誠心に厚く、スピリチュアルな自尊心に満ちあふれ、堂々とした風格が人々を魅了します。寛大で優しくセクシャルでもあるので、人々は引き寄せられ自然にリーダーシップを発揮する立場へと押し上げられます。慈悲深く人の弱さや情にも厚い、面倒見のいい存在です。

らく、根気がなく気分で変化する感覚的な性格なので、地球では苦労する場面も多くあります。しかし金星人特有の、大いなる愛と豊かさをポジティブに受け入れることで本来の魅力を発揮します。

その魅力的な美しさが原因で、妬まれたり、羨ましがられたりと攻撃の対象になることもしばしばあります。やっかみや意地悪をされることもありますが、金星人はどんなに辛いことがあっても臆することなく、何度も立ち向かうタフなハートの持ち主です。どんなに攻撃されても、金星人はただそこに在り続け、愛とともに平和でパワフルに輝きを放ちます。

地球では、自由に愛や豊かさを謳歌し日々喜びに溢れた人生を純粋に追い求める、ありのままの自分を愛する姿で地球のサポートをします。喜びと愛があふれる金星の女神のエネルギーはポジティブな奇跡を生み出し、ライトワーカーや、ヒーラーとして人々や地球の魂を愛や光に導きます。

HISTORY

かつては豊かな緑と、芸術的建造物が共存していた金星。

しかし、テクノロジーがとても発達した影響で環境破壊が起こりました。金星は太陽の近くにあったため、破壊された大気圏から太陽の熱が直接降り注ぎ、人々が住みにくい星となってしまいました。

そこで、アシュタールをはじめとする金星人たちは自分たちの星を出て、宇宙船で暮らすようになりました。アシュタールは宇宙連合の司令官として、宇宙中を旅をして回りましたが、やがて金星と同じような環境破壊の危機にある地球に出会いました。

金星のような過ちに陥らないよう、地球意識の拡大と愛と平和に満ちたアセンションへと導くために、金星人はサポートに関わっています。

POWER ITEM

フラワーエッセンス

花のエネルギーを水に転写したフラワーエッセンスは、気持ちを癒し、ホルモンバランスを整えてくれます。継続的に摂取することで恐れや不安を取り除き、ありのままの自分を愛し内的エネルギーを高めます。

金星人

愛と豊かさのエネルギーに溢れている金星。金星人は、容姿がとても美しく美的センスや才能に溢れ、芸術や文化・美を司ります。男性性と女性性のエネルギーが統合された存在で、とてもクリエイティブ。全体的に高身長で、肌の色が白く金色の髪をしていて、美しく均整のとれた顔立ちをしています。

圧倒的な美しさと独特の艶っぽさを兼ね備えているので、場の雰囲気をキラキラと華やかに演出するタレント性があります。ハリウッドスターや芸能人、世界的に活躍するアーティストに多く、芸術的な創造性と非凡な才能に恵まれています。光り輝くオーラはとても魅力的で、優しく大らかな心でたくさんの人々を幸せな気持ちに魅了します。

金星人は元々の環境が美しく完璧であったことから、物事に対して飽きっぽくなかなか長続きしません。次々と興味の対象が変わり気持ちが散漫だと思われますが、ただ自分の気持ちに正直なだけ。心トキメクことがらは常に変化しますが、ここぞという時には他を顧みない一途なところもあります。現代の社会的システムには適応しづ

スターシード☆星☆ WEB 診断

もっと詳しく知りたい方へ
選択肢から質問に答えていくだけで
無料でカンタンに由来星がわかる
WEB 診断を創りました

ご興味ある方は
以下 QR コードから LINE 登録してください

コラム

アルクトゥルス人にヒーリングしてもらったときに、これからも定期的にアルクトゥルスのヒーリングは受けた方がいいですか？　と質問してかえってきた答え。

「地球はどうしてもバイブレーションの波がゆっくりになる。早くてもおそくてもそれを選択するのはあなたです。早くしたければヒーリングを受ければいい」

す、すごい！　なんと情のないドライな答え（笑）。でも本当に私たちを尊重してくれてる答えで紳士的ですよね。

最後に「あなたが望めば私たちはいくらでも手を差し伸べます」と言ってくれました。この寛容さで私たちにゆだねられてるのが本当最高！

宇宙やっぱ、いーなー。

あなたがつながりたいときに宇宙の星や仲間に意識を向けてみてください。彼らの愛であふれるユニークなエネルギーでたちまち高次元に戻れることを知ってください。みんなあなたたちがつながってくれること、気が付いてくれるのを待っているのです。

〈宇宙にチャネリングをしてこの本を読んでくださっているみなさんへの宇宙からのメッセージを降ろしました。〉

宇宙からのメッセージ

宇宙はとても多様なところです。地球にいると全く見えないと思いますが、とても自由にお互いにつながって共振して調和して成り立っています。

地球の中でお互いを思い合ったり愛し合っているように、宇宙では一つ一つの星同士でお互いに協力し合い助け合い情報交換をして共有し合っているのです。その規模が地球では到底考えられないようなレベルでつながって関与し合っています。

あなたたちも今はわからないかもしれませんが、すでに経験してきていて魂レベルでは認識していることです。

地球も宇宙の愛や自由の中の一つ星です。
宇宙の星、銀河、仲間たちはみんなみんな地球のことが大好きでとっても愛しています。もちろん地球にすむあなたたち一人一人がいとおしくてしょうがないのです。それは宇宙で一緒に過ごしていたのももちろんですが、いつもつながってあなたたちを見ていて感じているのです。見守っていて励ましています。
みんなつながっているのです。

第3章　スターシードの悩み、苦しみのパターン

思い込みは重い周波数を放っている

私は今までたくさんのスターシードたちに出会ってきましたが、みんな共通の悩みを持っていました。その悩みの多くは、無価値観や恐れ、思い込みのブロックが強いことなどでした。このスターシード特有の悩みはなぜあるのでしょうか？

スターシードは高次元から地球に来ています。宇宙は高波動高次元なため、地球の次元に合わせて重い重りをがっしりつける必要があったのです。地球を真剣に体験したくて、生まれる前に相当な力で抑え込んでくる必要があり、この重りになるものが思い込みなのです。**「思い込み＝重い周波数」**を放っているのです。

エイブラハムの感情の22段階の表であらわされていますが不安、無価値、恐怖、悲嘆、無能などは最も重い周波数なのでスターシード達は無価値観や恐れなどの周波数を持って

いるといえるでしょう。

【エイブラハム 感情の22段階】

1〜22の数字が大きくなるにつれて重い感情ということになります。

1. 喜び／智／溢れる活力／自由／愛／感謝
2. 情熱
3. 興奮／没頭／幸福感
4. ポジティブな期待／信念
5. 楽観
6. 希望
7. 満足
8. 退屈
9. 悲観
10. フラストレーション／イライラ／我慢
11. 圧迫感

12. 落胆
13. 疑念
14. 心配
15. 自責
16. 挫折感
17. 怒り
18. 復讐心
19. 憎しみ／激怒
20. 嫉妬
21. 不安（身の危険）／罪の意識／無価値
22. 恐怖／悲嘆／憂鬱／絶望／無能

そしてその無価値感や恐れなどは、ちょっとしたきっかけで大きく変化するということをたくさんの人たちが見せてくれました。この章では私が出会ったスターシード特有の生きづらさを感じてきた人が、本当の自分を取り戻していった過程を紹介します。

★「本当の自分」を生きはじめたスターシードたち

【ケース1】無価値観でとても暗く重いものを背負っていたRさん

Rさんはとても美しくみんなの目を引く美しさや知性を持っている女性です。しかしなぜか、あったときから気配を消していて、とても生きづらそうにしていました。自分のことが大嫌いで無能で価値のない存在で消えてなくなりたい、という思いがどこからともなく出てくる……と嘆いていました。

そんな彼女は今ではたくさんのスピリチュアルワークを人にほどこし、さまざまなことにチャレンジしています。自分の顔を出すことにものすごく抵抗のあったRさんが、今はいきいきとYouTubeで配信している姿を見たときに涙が出てきました。

Rさんとは私の講座の生徒さんでした。とてもやさしくあたりが柔らかい素敵な女性です。彼女はスピリチュアルなことをやってみたいけど自信がない、自分なんかができるはずない、というブロックが強く入っていてこのブロックはどこから来るのかな？　と見ていました。

外見はとても美しいのに全身黒い服を着て、髪の毛で顔を覆うようにして顔が出ないようにしていてうつむきかげん。なるべく人の目に触れたくない……というエネルギーを醸し出していました。講座をすすめて行く中で、チャネリングの練習中、しっかりできているのに「全然ダメ、できていない、まったくつながっていない……」とこちらでなんと言っても「いいえダメです。私にはできっこない……」などと自分の世界にすぐ入り込んでしまいます。

そのあとにペアーで前世を見るワークをしたとき、彼女の前世はヨーロッパの魔女で薬草を煎じて病気の人や困ってる人を癒していたというのが出てきました。魔女の中でも目立つ存在になっていて、その前世の中で彼女は迫害などのひどい目にあっていた映像がでてきました。そしてその時のトラウマや恐怖心から無価値観がくることがわかってきました。

前世を書き換えた後のRさんは、それまであった後ろにある重くて暗い黒っぽいエネルギーがすっかり消えてすがすがしい風が通り抜けてものすごく軽く光のように明るい表情をしていることに驚きました。何か重いものがごっそりと取れたようです。

この書き換えを行ったのは前世をはじめて見た初心者の生徒さんです。そんな方でもこ

んなにパワフルに前世を簡単に書き換えられてしまうのです。すごいです。（みなさんもできます）

そしてRさんは、今は人が変わったように明るく本来持っているやさしさが前面にでて、積極的にライトワーク活動を行っています。たくさんの人が彼女によって癒されています。Rさんは前世の書き換えで簡単に恐れのブロックが解放されて行きました。本当に素晴らしいです。別人になっちゃいましたね。

【ケース２】エンパスで長年苦しんでいたAさん

スピリチュアルやハイヤーセルフを全く知らなかったAさん。エンパス体質で人の感情を拾ってしまうようですごく苦しんでいました。私のところに来た時にどうやったら抜けられるか、楽になるかを模索していたようです。そこから今ではたくさんの講座やセッションをこなし、生き生きとスピリチュアルや宇宙のことを伝えているたのもしい存在になっています。そんなAさんのことを紹介します。

「私にあった講座を教えてください」「一度話をして私の知りたいことを教えてほしい」Aさんからメールをもらい、いきなりこんな質問が来たのでいったいどんな人なんだろうと思いながらとりあえず1回話をしてみることに……

そのAさんの第一声は、「私は人の感情や感覚がすぐ自分に入って来てしまうので苦しくて、体調を崩すことが多いです。これだけを何とかしたい」と話してくれました。なるほど…Aさんはエネルギーと同調する「エンパス」の傾向が強いということがすぐわかりました。これは誰もがそういうところがあるので対処法は簡単です。

スターシードの気質が強くエネルギー体だったことやつい最近まで宇宙にいた人は、特にこのエンパス体質の人が多いと伝えました。

対処方法は、ほかの人のエネルギーと同調するので混同して苦しくなっているだけなので、とりあえず「エーテルコードカットをする」こと。それと波動が高いので頭にエネルギーが上がりやすく興奮状態になりやすいので「グランディング」すること、を伝えました。

そして彼女は次から次へと直感で来る質問をしゃべりまくっていました。「ハイヤーセルフって何?」「グランディングって何?」「スターシードってさらに意味わかんない?

何？」と初めてスピリチュアルな世界を知るようでいろんな質問をしてきました。

数日後、彼女から連絡が来て、「すごい楽です〜こんなの初めて！」と嬉しそうに言っていました。「やってることはグランディングとエーテルコードカットだけなのに、すごい効果ありますね！」と驚いていました。私も彼女の姿を見て、やっぱりこれだけでいいんだな！　と気が付くきっかけになりました。

そしてAさんはめきめきとスピ能力を開花させ今では太くハイヤーセルフとつながって導かれています。またスピリチュアルやスターシードというキーワードも全く知らなかった彼女が今は宇宙系と名乗って活動しています。彼女はシリウスのケンタウルスみたいな見た目の女王様だったとか……（笑）。大きく変化したAさんの今後がとても楽しみです。

「本当の自分」を生きる

【ケース３】たくさんの恐れを持ち、何をするのにも自信のなかったＭくん

子供のケアや支援を行っているＭくん。素晴らしい活動をしているのに自信がないようで、最初のうちは、そのことも言い出すことに抵抗があったようでした。そのＭクンも恐れを手放してから積極的にたくさんの人とつながり、輪を広げています。

Ｍクンには、２日間のスピリチュアル講座を受けに行ったときはじめてあいました。Ｍクンはその講座を受けるのは３回目とのことで、同じ講座を３回も受ける理由は、２回行っても自分にはぜんぜん感じられない、見えない、とのことで再々チャレンジで今回講座を申し込んだとのことでした。

ワークの中でビジョンを見たり、感覚でとらえるものが出てくると「できない」「見えない」を連発していました。ちょっとしたコツなので、私なりに伝えても「わかんない」「わかんない」を連発。講座以外のところではとても気さくで話しやすくみんなとも仲良くやっている感じでしたが、２人で話す機会があったときに「あの人自分のことを悪く思っている気がする」とか「なんか言ってましたか？」と聞かれたりして人の目を気にして不安を常に持っているようでした。

２日目にＭくんが私のところに来て悩みを相談してきました。「奥さんにスピリチュアルが好きなことを言えなくて隠している。後ろめたくてずっと言えないんです」と伝えてきてくれました。

私はとりあえずそれを奥さんに言いたいのか聞くと「隠したくない」と言っていたので「スピリチュアルが好きと言っていい、と潜在意識を書き換えるとらくになりますよ！」と伝えてブロック解除で書き換えて自分でできる、バシャールの書き換えの方法を伝えました。その直後に大きな気づきがあったようで、「今まで自分自身がとても大きなものだと思い込んでいたけど、たいしたことじゃないのかも……って気が付きました」と目を輝かせて教えてくれました。そうそう、大きなことってご自身が思ってるだけですね。簡単にできてるんですよ。大丈夫大丈夫。

そのあとのワークで彼は今まで「全く感じない」、「できない」と思っていたところから、はじめて感じることができたようでうれしそうに報告してきてくれました。「すごいですよ～もううれしすぎる！　やっとわかった気がする」と喜んでいました。１個のブロック解除で他のものも一緒にいい方向に書き換わったようで、潜在意識は本当にすごいな～と改めて感じました。

Ｍくんは今は人と人をつなぎながら子供の支援活動を積極的に行って発信しています。

本当にうれしいです。

【ケース４】修行や苦行を選択する癖のブロックの強かったＫさん

Ｋさんはずいぶん前から知っている友人で、いつもいろいろな哲学のはなしをして人生の奥深さを一晩中語り合うほど仲良しで気の合う存在です。その彼女は人生について「苦しい事こそ意味がある」という考え方を選択するところがあってそれこそ美徳という観念があるようでした。

久しぶりに連絡してきたときには本当に苦しそうにしていて、心配になってしまうほどでした。そこから今は、これまで見たことがないほど自由でのびのび軽やかに楽しんでいます。大きなブロックが外れたことがこんなに人を変えるんだと見せてくれた例を紹介します。

Ｋさんは今までたくさんの人を助け、困っている人がいたら、すぐに手を差し伸べてきました。それをすることが大事なことだという信念のもと、積極的に奉仕活動をしていたようです。Ｋさんはその人間性と責任感からいろんなことを任されて、それも使命のように一生懸命「何かをすることこそ人生」という考えのもとで動いていました。

私はKさんのすべてがうまくいっているんだろうと勝手に思って安心していたのですが、あるとき彼女から珍しく電話がかかってきました。「話があるんだけど聞いてもらえる？」話を聞くと、「実は旦那さんとうまくいっていない」ということを話しだしました。もうずいぶん前から家庭内別居状態で自分のことをものすごく嫌がっていると話してくれました。なんでそんな風になっちゃったの？

自分なりに一生懸命相手に合わせていたんだけど、合わせても合わせても相手はエスカレートしていくばかり……本当に苦しくて「もう一緒にいたくない」と言われているとのこと。「それはつらいね……なんでそうなったか一番の原因はわかる？」と彼女に聞くと、「よくわからない……」とのこと。

私は「自分が見えている現実は、自分の観念が外側に映し出されているだけだから、自分の中に『苦しい事を体験したい』と思っている観念が入っているから現実でそういうことが起きているんだよ。だから簡単に変わるよ」と伝えました。そして彼女を見ていて「根本的に『苦しい事こそ人生』という根深い考え方が前からあったことが原因だと思うよ！」と伝えました。「ここから抜けたいなら、人生楽してもいい、と自分で自分に許可しないともっともっと苦しいものが来るよ。だって自分が意図してるから。今自分自身で、修行をやめる、苦しいことを選択しなくていいと許可することはできますか？」と彼女に聞くと「そっか……たしかにそれをする癖がついていたね。でもそんな簡単に変わるの？　そしてそんな選択していいのかな⁉」と彼女は少し迷っている様子でした。

「自分の人生はすべて自分の思い込み通りの出来事を体験しているだけだから、これから楽しみたいならその許可を出せば楽々になっちゃうよ！」と伝えると「では変わってみる」と許可をしてくれました。

その時にやったのは、バシャールの電球の付け替えでのブロック解除だけです。たくさん思いつくものを一緒に考え、とにかくたくさん20個〜30個ぐらい書き換えたと思います。そのあとの彼女はすぐに書き換わったようで、「なんか気持ちがすごい楽になってきた」と教えてくれました。

そしてふさぎこみがちだった毎日から今では積極的にたくさんの人とつながって生き生きと楽しむようになっています。旦那さんとは別々に暮らすことを選択したようですが、その自由な選択を許せたこともとても気が楽なようで笑顔がいつもあふれています。本当に素晴らしい変化を見せてもらって私も感動しました。

コラム

宇宙のことで今までで一番衝撃的だったのは、「宇宙で私は宇宙船を動かす燃料だった記憶がある」という人のお話を聞いたとき。たしかケイ素って言ってました。

宇宙人＝形のあるもの、ととらえるとおもうけど、エネルギー体がほとんどなんですよね。しかも燃料って……（笑）。す、すごすぎる！

あと他のお客さんの前世で宇宙の様子を見ていたら、全然動いていなくてよく見てたら苔のような青みどろのような存在だったこと。しかもとても楽しそうで。お客さんと大笑いしました。

予想をはるかに超える宇宙存在の自由さ。やばいです。

宇宙からのメッセージ

宇宙から見ると地球の中の悩みや苦しみはミュージカルのようなエンターテイメントのようなものです。刺激の少ない宇宙からすると地球のこの悩みや苦しみはとても希少な体験で、このバイブレーション（波動）はものすごく大きなエネルギーが動くのでそれによりさらに宇宙は大きく成長し拡大しています。

悩むこと、苦しむこと、生きづらさを感じること…はとても大きなエネルギーを使いエネルギーが動くことなので、あなたたちがそういったパターンを持っているということは、それだけ大きなエネルギーを動かせるということ、あなたたちの中にそれだけ大きな力があるということでもあります。今までの地球の中では苦しさの中でこそ宇宙の真理がやっと見えてくるということを楽しんでいて、あえて閉じていた心の目が開眼して本来の自分に気が付くそのプロセスをゲームのように、ミュージカルのように、それぞれが体験したい形で体験していました。

そして今はあえてあなたたちはその体験や経験を地球にしに来ていたということに気が付く時、認識する時にきています。この悩みや苦しさからは簡単に解放されてもともとの自分に戻っていくというプロセスを味わいたくて、たくさんの宇宙の仲間たちが地球に降り立っているということです。

そしてあなたもその一人なのです。

〈宇宙にチャネリングをしてこの本を読んでくださっているみなさんへの宇宙からのメッセージを降ろしました。〉

第4章　覚醒、目覚めへのワーク

誰でも超簡単にできる8つのステップ

アセンション、スターシード……などいろいろわかってきたけど、ではいったい今から何をしていけばいいのか？　これからどうしていけばいいのか？　よくわからないと思っている方が意外と多いようです。必ず何かをしなくてはいけないということではないのですが、私も含めて本当の自分自身に気が付くということは、全く違う人生を歩みはじめることです。

覚醒や目覚めとは本当の自分を生きる、自分自身の本質を生きるということです。本質の自分を生きはじめると、今まで悩んでいた悩みが軽くなり、見える世界が変わってきます。そして起こる出来事もおだやかでほとんどのことがうまく進むようになっていきます。これが本来の私たちの力と言えるでしょう。覚醒、目覚めはそれぞれのベストタイミングで自然な形でいつのまにか変わっていくものです。衝撃的な何かが起こるということではないので期待しない方がいいです。

私が実践してきた誰でも簡単に日常できることを8つのステップで紹介していきます。このステップを実践すれば本当に現実は大きく変わります。

☆**ワークはゆるく、ちょっといいかげんにやってください。**ご自身のやりやすいように気楽にやるのがいい波動です。また順番も気が向いたところからで全然OKです！ アレンジも効かせちゃってください。あなたがやりやすいようにやることがベストなワークになって行きます。

ステップ①　自分をスターシードだと認めること
ステップ②　グランディング・アーシング
ステップ③　エーテルコードカット
ステップ④　波動を整える
ステップ⑤　子供時代の自分を癒す
ステップ⑥　ブロックを外す
ステップ⑦　お金の枠を外す
ステップ⑧　宇宙に意識を向けて夢を持って引き寄せる

番外編：チャネリング能力を付ける

ステップ１　自分をスターシードだと認めること

何よりもこれが大事です。この本を手に取ったあなたはあなたのハイヤーセルフが導いてあなたは宇宙由来の魂のスターシードであるということを伝えているのです。とてもいい流れに乗っているということです。自分がスターシードだと気が付いてくると自分の中にものすごい力があるということを感覚で思い出していきます。今まで小さくなって力がないような感じになっていたことに気が付いてくるでしょう。

◎ワーク

①リラックスして寝るか座ります。目を軽く閉じます。

②宇宙のたくさんの星をイメージしてそこで楽しそうに過ごしている自分を想像してみましょう。たくさんの星を経験しているイメージをします。

③　②の自分が今度は地球に生まれているということを想像してみましょう。そしてそのまま自分自身を抱きしめてみましょう。この小さな体の中に無限の可能性をすでに持っているということを認めてあげましょう。あなたはそのままで本当に最高に素晴らしい存在なのです。

ステップ2　グランディング・アーシング

スターシードの特徴として浮きやすくエネルギーがたまりやすいというのがあります。これは高次元のエネルギーを放っていますので、上がりやすいということです。肉体から自分が浮いたようになって分離のようになってしまうということです。

スターシードは基本的に優秀でなんでもできます。ただそれを地球でやるためには地球に根ざす必要があるのです。グランディングが弱いと地球での活動の中で、ミスを連発したり、時間にルーズになったり、やろうとすることがフワフワする、不安や恐れが出やすくなるなどの症状になります。せっかく持っている力も生かせなくなって力を発揮しづらそうなスターシードを今までたくさん見てきました。

この浮いたエネルギーを地球に流し、放出するやり方でアーシングというやり方もあります。アーシングは裸足になって自然に触れるだけでエネルギーが地球に降りて行くので簡単です。

◎ワーク

グランディングは気が向いたとき、または1日1回やると効果的です。また浮きやすい時はそのたびにやるといいでしょう。私は浮きやすい時1日数十回やることもあります。

簡単なグランディングのやり方を紹介します。

①リラックスして立つか座ります。心静かにします。

②宇宙からの光の柱が自分の頭上から体の中心を通り抜け下に突き抜けます。

②地球の中心のマントルまで到達しそこにグサッとさします。

そのあとまた同じ道をたどりご自身の体、頭上をとおり天空宇宙へ光の柱が届くことをイメージします。これでグランディングが完成です。

●木の根をイメージしてグランディングするのも効果的です。

地球の中心に立ち自分が木になったようにイメージします。そこから地球に広く深く根を降ろしていきます（エネルギーが下に行くイメージ）。もういいかなというところまで降りればＯＫです。

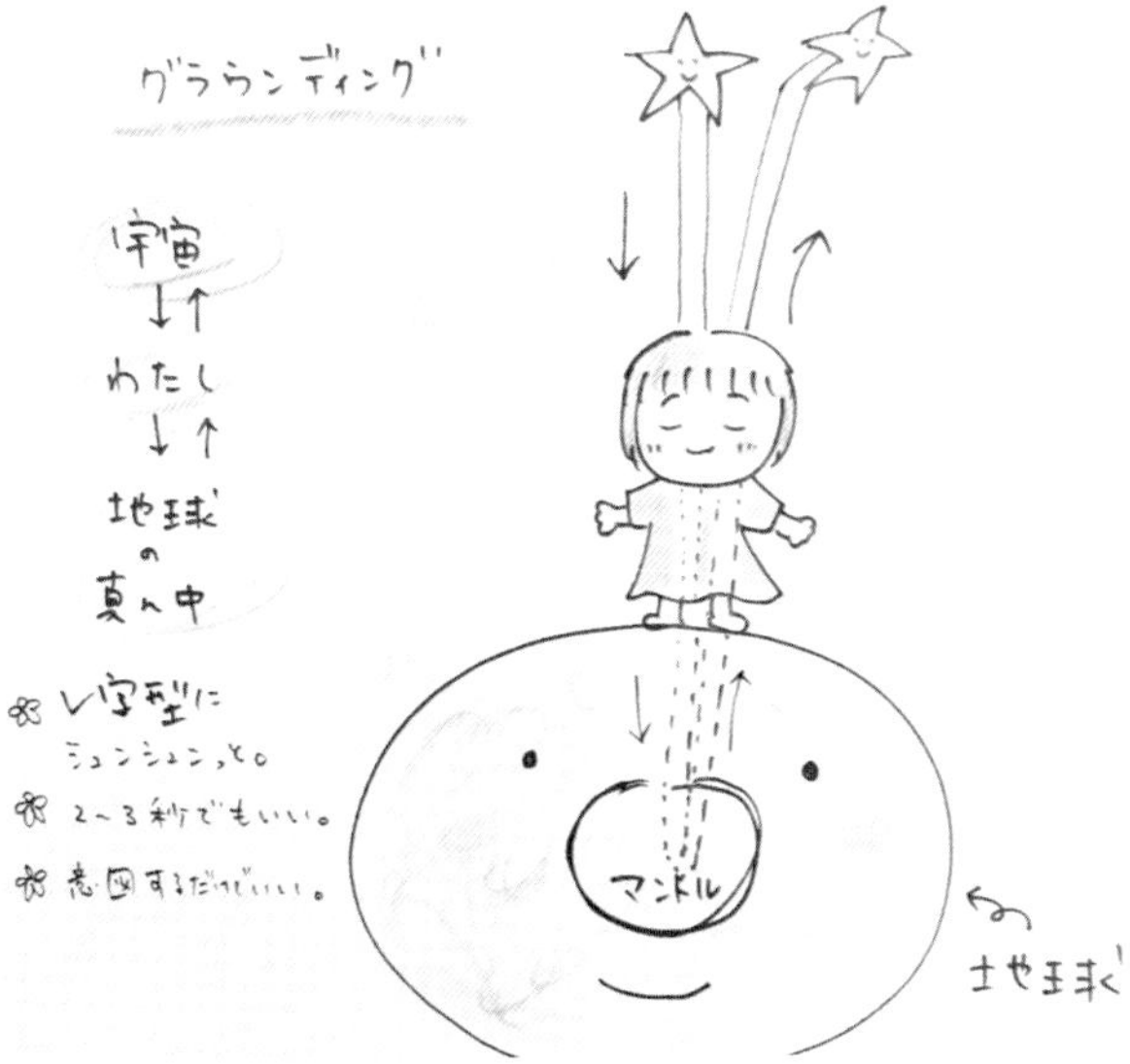
グラウンディング
宇宙
↓↑
わたし
↓↑
地球の真ん中
V字型に
シュンシュンっと。
2〜3秒でもいい。
意図するだけでいい。
マントル
地球

ステップ3　エーテルコードカット

私たちは日常、誰かのことを考えたり、人と接していると勝手にその人とエネルギーがつながっています。そしてそのつながったエネルギーは目に見えるものではありませんが、そのままつながったままになることも多いです。

気分が悪くなったり、急に怒りっぽくなったり不安になったりするのはこのコードがつながっている事が原因ということが多いです。目に見えないので軽視しがちですが実はものすごく重要で、このコードを切ると、すっきりしたり楽になっていきます。エーテルコードを切るのは高次元の存在にお願いすると効果的にやってくれます。また一緒に浄化もしてもらうと余分なエネルギーを光に返してくれます。頼むだけでいいのですごく簡単です。大天使ミカエルは7次元以上のとても高い波動領域に存在し強力な浄化力で不要なエネルギーを断ち切ってくれます。

エーテルコードカット浄化を大天使ミカエルにお願いする方法を紹介します。

◎ワーク

①大天使ミカエルを呼びます。呼び方は何でもいいです。「大天使ミカエル来てください」

②ミカエルは呼べば来ます。（来たことを感じなくても来ています）
ミカエルに他人から受ける負のエネルギーのコードを断ち切ってもらいます。

「私から他人に延びる執着やエーテルコードを断ち切ってください」と心の中でも声に出してもいいのでお願いしてリラックスして浄化を感じます。

③ミカエルに「私の周りや私の中にある低い波動を浄化してください」とお願いします。
リラックスして浄化を感じます。

③終わったらお礼を言って終了します。（忘れてもＯＫ）

エーテルコードカット & 浄化 by ミカエル

ミカエル来てください
エーテルコードカットと
浄化を
おねがいします
ハ〜イ
きたよ〜♪
ありがとう！

✿ 気軽に何度も頼んでいい♡
✿ 他にじぶんがしっくりくる存在にお願いしても OK ハイヤー、惑星、他の天使など

ステップ４　波動を整える～安心、リラックス、嫌なことをやらない

私たちはそのままでいればすべての力が使えて全知全能です。ただ地球のルールに従わなければと無理やり外の世界に自分をあわせていたので波動が乱れまくっています。だからうまくいくはずのことがうまくいかなくなっているのです。もともともっている自分のペース波動に戻していくことで本当に生きやすく目の前の出来事がうまく回るようになって行きます。宇宙のリズム＝安心、ホッとする波動です。

嫌なことも気が進まないことも今までのパターンでこなしていたと思いますが、やらないようにすることで本当に楽になって行きます。これは宇宙の流れからするとやりたいこと＝宇宙の流れ、やりたくないこと＝宇宙の流れから逆走　になるからです。こういうことを日常たくさんやっていると良くなるものも波動が乱れまくってうまくいかなくなってしまいます。すこしずつでいいのでやらない選択をしてみてください。また実は「やらなくちゃいけない」とおもっていることは「やりたくない」ことともいえますので楽をする自分に挑戦してみてください。

◎ワーク

①あなたのホッとすることはなんですか？　それを何個か考えてみてください。（こつはたいしたことないことで日常すぐできることがいいです）

例：あったかいコーヒーを飲む・キノコをひたすら食べる・まんじゅうを食べる・布団から出ない・クラシック音楽を聞く・猫とたわむれる・日向ぼっこをする・お風呂につかってぼーっとする・絵を書く etc…

②①で考えたことを日常なるべく長い時間やるように意識してみてください。最初は1分コーヒーを飲む時間を延ばしていく程度でもOKです。（意味のないこと＝無、こそ宇宙のリズムで波動が整います）

③まずは1週間意識して波動を整えてみてください。意外と日常は変わらないこと、心が満たされていることに気が付いてくると思います。

④すこしずつ嫌なことや気が進まないことをやらない選択をします。

大丈夫。

ステップ5　子供時代の自分を癒す～自分にいっぱいご褒美をあげる

私たちが生きづらさを感じる原因は、だいたい幼少期に親や周りに言われたことや誰かに言われたことで、自分を押し殺して今まで生きてきたからなので、今の自分がその閉じた心をすこしずつ開いて癒してあげましょう。実は自分を本当に癒せるのは自分しかいません。それを許すのはあなた自身なのです。とても簡単ですが、本当に楽に緩んで気持ちが解放されて行きますので気軽にワークしてみましょう。また今まで頑張ってきた自分自身をほめてあげて、たくさんご褒美をあげてみましょう。

◎ワーク

小さい時にあった出来事を思い出していきます。7歳ぐらいずつ、今の年齢まで何があったかな？　と思いだしてみましょう。

① 0歳か才から7歳までの間にある出来事を思い出していきます。特にネガティブな感情や出来事はどんなことがあったか見て行きその時の自分の感情を感じて、イメージでいいので光をその時の自分に送ってあげましょう。

②出てきた出来事で傷ついた自分自身を癒して行きます。１つ１つに「よくがんばったね」「あなたは正しいよ、大丈夫だよ」と声をかけてあげたり、抱きしめてあげましょう。側にいてよりそってあげるだけでも十分です。

③０歳～７歳が終わったら次に８歳～14歳、15歳～21歳……と７歳ずつみて同じように癒して行きます。今の年齢まで行います。（途中ものすごく嫌な気持ちになったり、体調が悪くなったら止めてまたできるときにやってみてください）

④自分がしたいことや喜ぶことをたくさんやって今まで頑張ってきた自分にたっぷりご褒美をあげましょう。（マッサージを受けに行く・エステに行く・おいしいものをおなかいっぱい食べる・カワイイバッグを買う・温泉旅行に行くetc…）

ステップ6　ブロックを外す

自分自身を生きづらくさせているものは自分自身に入っている感情や思考の観念です。観念とは親の影響、社会の影響、人間関係などの影響を受けて「こうあるべき」「これはできない」などという考え方がガチガチに入っていてこの観念が壁のようになってブロックやトラウマになり自分自身を生きづらくさせているのです。

このブロックはなかなか外ずれないと思いがちですが、実はものすごく簡単に外ずすことができます。このブロックを外すことで、周波数が変わり今まで絶対に無理と思っていたことが、簡単にできて進めるようになっていきます。いつの間にか夢がかなうことなどが起こるようになります。

ブロックとは??
クセ
モヤモヤ
悩み
思い込み
執着
苦い希望
捉われ
否定的な考え
〜がこわい
いつもくり返す嫌だなぁと思うパターン
ブレーキとアクセルを同時にふんでいる
生きづらさ
〜でなければならない
良くしたい
誰かのために役に立ちたい
罪悪感
劣等感
虚無感
など・・・
ブロックあっていいんだよ〜!!

◎ワーク

ブロックを電球の球に見立ててブロック解除をして行きます。最初はブロックの電球、その後に新しい電球に付け替えてそのあかりを見ることで簡単に潜在意識は書き換わります。

①ブロックを決める。

例：お金がない・彼氏とうまくいかない・心がもやもやする・人に嫌われている気がする・あの人のことが嫌い・仕事がうまくいかない気がする・自分に自信がない・体力がない・成功は難しい etc…

②そのブロックには電球の球がついている。そしてその電球を外して宇宙に投げる。

③新しい電球の球に付け替える（なんでもいい）。その新しい電球の明かりを5秒ぐらい見る。（時間かけてもOK）

④これで書き換え終了です。１週間ぐらいでいつのまにか自然に変わっていきます。

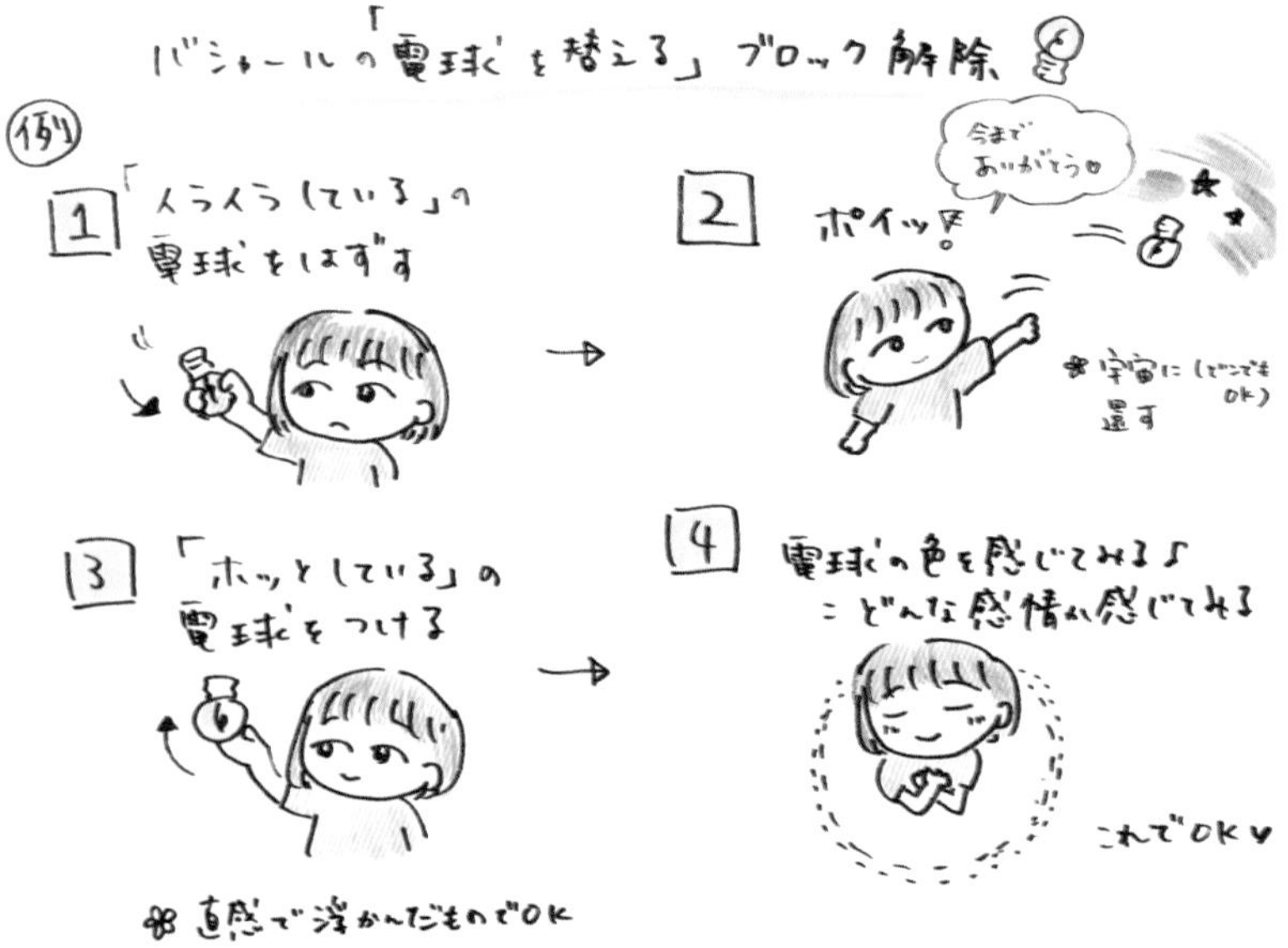
「バシャールの電球を替える」ブロック解除
例
1 「イライラしている」の電球をはずす
2 ポイッ!!
今までありがとう♡
※ 宇宙に(どこでもOK)還す
3 「ホッとしている」の電球をつける
※ 直感で浮かんだものでOK
4 電球の色を感じてみる♪
どんな感情か感じてみる
これでOK♥

ステップ７　お金の枠を外す

地球の中での最大の枠の一つはお金といえると思います。私たちはお金という枠の中でとても生きづらさを体験していました。そしてお金に関していつも不安があったり、収入がいつも不安定だったりするのは、『お金がない！』という意識に自分自身が同調してフォーカスしてしまっていることが原因です。お金に対する意識を広げて解放することで、本来の自分をどんどん発揮できるでしょう。まず、大きな金額で枠を外したところで、これだけお金があったら何をしたいか？　という意識に同調させていくと自分の現実が変わりお金の枠が外れた世界を体験するようになって行きます。

◎ワーク

①１００億あったら何をしたいか？　をたくさん書きだす。（お金の金額を枠と感じるような無限でもＯＫ）

②それができたらどんな気持ちか？　その気持ちを１つ１つじっくりと感じていきます。
（うれしい、楽しい、安心 etc…）

③気持ちが大きくなったところで今度は月いくらあったら満足か金額を出し、そうなったらどんな気持ちかを感じます。

④日常今までより少しずつ贅沢にお金を使うことを自分に許してみる。（コンビニのおにぎり100円のところ200円のものを買うとか、安い服を買っていたところから、高級ブランドの服を買ってみるなど……できるところから少しずつがポイントです）

⑤少し贅沢に使った時の満たされた気持ちをじっくり感じる。（不安が出てきたらステップ6のブロック解除で書き換える）

お金がない
なァ…
ハァ…

「お金がある」
ホッ…

ステップ８　宇宙に意識を向けて夢をもって引き寄せる

意識を広げてあなたの望む人生を引き寄せて行きましょう。スターシードはもともと引き寄せがとても得意で無意識に引き寄せをしている人も多いです。ただ自分のペースではなく外側のペースや意識に波長を合わせてしまっているので引き寄せがうまくいかなくなっている人が多いです。まず意識を広げて大きな願望を出し、波動を整えながらあなたの人生をどんどん大きく拡大していきましょう。

◎ワーク

①夢や願望を決める。

②それが叶ったらどんな気持ちか、その気持ちを感じてみましょう。（嬉しい、楽しい、幸せ etc…）

③宇宙に意識を向けてその気持ちをぐんぐん拡大させます。そのまま宇宙の広がりを感じて行きます。３６０度どんどん拡大していく宇宙に身をゆだねて一体化して気持ちよ

くなりましょう。（寝ちゃってもＯＫ）

④ステップ４の波動を整えることを日常やって願望を出したことを忘れます。

⑤そのうち色々いろな展開がはじまっていきます。（直感・インスピレーション・気づきがきたらやってみましょう）

番外編：チャネリング能力を付ける

チャネリングは日常誰でも無意識にやっていることです。簡単なのですがあまりにも自然なことなので気が付かない人がほとんどです。チャネリングでハイヤーセルフのメッセージや感覚などに気が付いてくると、さらに地球での活動が加速していきます。ハイヤーセルフは高次元の自分自身で、あなたそのものです。そのメッセージを一人一人が受け取れるようになればもう迷うことがなくなります。また自分の気になる星とつながったり、いろんな存在とアクセスできるようになると世界が広がります。

チャネリングに興味がある方は誰かに習ってみたり教えてもらってチャネリングできる

ようになるといいと思います。

コラム

私の宇宙時代の自分をチャネリングして見ていたら、ぼーっと海を眺めていました。何もせずにぼーっと海を見ながら瞑想状態がつづきました。でも見てても面白くないので早送りをして今度こそなんか面白いことしてるかな？　と楽しみに見たらまだぼーっと海を眺めていて衝撃でした。な、なにもしていない……そしてこの早送りの時間はどのくらい後なのか尋ねたら、１万年ときました。１万年私はぼーっと海を眺めていた？　意味がなさすぎる！

でも実はこれが宇宙のスタンダードな時間の進み方で過ごし方なのかもしれません。

そう考えるとあんなぼーっとしてた私たちって地球でよくやってますよね（笑）。

宇宙からのメッセージ

あなたがこの時代のこの時期を選んで生まれてきたということは、この時期に目覚めたい、覚醒したい、と望んで生まれてきた魂といえるでしょう。そしてそこに生まれてきたかった魂たちもとても多かったのです。その中であなたたちは選ばれて、難関を突破して生まれてきた強くたくましい光り輝く魂なのです。

そのことをまずは知るといいでしょう。

重い周波数を手放して覚醒・目覚めを体験していくということは、新しい周波数を体験することであり、新しいあなた自身を発見すること、新しい世界を見るということでもあります。その世界というものは、まだ地球上で誰も見たことのない花が咲くことでもあるのです。

地球にいる宇宙の仲間たちがすでに新しい道を開拓して切り開いています。あなたがピンと来たらそれを取り入れながらあなたのペースで進んでみるといいでしょう。ただすべては一人一人のペースであなたの感覚にゆだねられていることです。焦る必要も、急ぐ必要も、無理やり何かをする必要も一切ないのです。一番大事なのはあなたのオリジナルの波動やリズムを放つことといえるでしょう。

すべては宇宙の遊びであり、暇つぶし（笑）のようなものですので、あなたのペースで楽しんでみてください。

〈宇宙にチャネリングをしてこの本を読んでくださっているみなさんへの宇宙からのメッセージを降ろしました。〉

第5章　スターシードとして地球を楽しもう

私たちは今とても壮大なスケールの地球や宇宙の変化の時を体験しています。地球が長い人も、地球が初めての人も、あの星の人もこの星の人も、遠い遠い銀河から来た人もあらゆるいろんなところから、今という地球に集っている人たちはみんなみんな宇宙のなかまです。とても優秀で勇敢な仲間です。

何億年ぶりの再会を何億光年もの距離を超えて今この地球で集っている。この素晴らしい時に生まれてきたこと、出会えていることは本当にすごいことだとおもいます。

地球のアセンション（次元上昇）は広大な宇宙全体にかかわる、一大イベントのようで宇宙からもたくさんの存在たちがサポートして、見守ってくれているのを感じます。

すごいですね～

このアセンションの時を、どんなふうに私たちは過ごしていくといいのか？　今後はどのように地球は変わっていくのか、地球を楽しむヒントを紹介していきます。

★自分の心に正直に生きることをはじめてみる

本音や心の感覚＝ハイヤーセルフ（高次元の自分自身）であり本来の自分自身です。私たちは長らく自分の心を見ることや、心に正直に生きることを置き去りにしてきました。これは悪い、いいということではありません。今までの地球のルールや考え方は頭の思考を優先したもので成り立っていたからです。

これからの時代は心の時代です。堂々と自信をもって心を生きられる時代がやっときました。心の時代に入ったのです。自分の心に正直にいることは全てを貫くほど純粋なエネルギーとなります。それは宇宙の大元のエネルギーへとつながっていて心の正直さと宇宙の大元のエネルギーは直結していると思うのです。

スターシードは、まっすぐですごく直球です。自分にとても正直で100％自分の心に正直でいたいとおもっています。そして時代の流れとスターシードの本音が合ってきたのです。スターシードの魅力を存分に発揮できる時代と言えるでしょう。

一番大事なことは一人一人が自分の感覚や心に意識を向けることとです。そこに全ての答えがあります。ただ今まで自分の感覚を否定されてきたり、違う自分を演じてきていた人は自分の心の感覚を取り戻していく必要があります。

まずは今まで頑張ってきた自分自身を「よくやってきたね」「違う自分をよく演じてきたね」ほめてあげましょう。そして今あなたがやりたいことを出来ることから少しずつやるように選択してみてください。それは「ぼーっとしたい」とか「本を読みたい」とか、「アイス食べたい」とかなんでもいいのです。あなたの小さな願望や感覚に気づいて行くことは、あなたの心を取り戻して行くことにつながります。

小さなやりたいことに気が付いて行くこと。それをやることを許してあげることを少しずつやってみてください。これが心に正直に生きることのはじまりです。難しく考えないで気軽にやってみましょう。

◎ワーク

今やりたい小さなことを少しずつやって、それにひたってみよう。

★スピリチュアル心や目に見えないことの学びを深め生活にいかす

スピリチュアルな能力は誰もがみんな持っていて、持っていない人はいません。また興味を持つことは本質でありとても自然なことだとおもいます。ただスピリチュアルや宇宙のことを知っていくと、すべての感覚が開いてきてしまうので、まだ地球のことを学んでいたい人にとっては情報は入ってきません。なぜなら魂で腑に落ちてしまいわかってしまうからです。また学びのスピードやタイミングはすべてがベストでそれぞれの学びのペースに沿っています。

私も数年前に宇宙の本を読んで、次元や惑星のことなどが書いてあったのですが、全く頭に入ってこなくて白紙の本を読んでいるような感じでした。それが今ではそんな本しか読んでいません。本当に不思議ですが、数年前の自分はまだ準備ができていなかったんだな~と思います。

ですから情報が入ってくる=準備ができた人ですので少しずつ学びを深めて行くといいとおもいます。また地球の中のスピリチュアルや宇宙のこと、心のことなどは複雑に難しくなっていることが多いと感じます。これも今まではわざわざ難しくなっていたんだと思います。しかしもう遠回りする必要はありません。

すべてが最高最善でベストなことが起こっています。ベストなものに出会ってハイヤーセルフがいい方向に導いてくれています。ゆるく楽しくスピリチュアルや宇宙のことを学んでいくといいと思います。

また日常生活の中でその学んだことを気楽にやっていくこと。これをすると心の安定が増します。地球での重い重りをはずして、もともとの高次元としての光の存在になっていく過程には、自分自身にどんな思い込みがあるのか？　何がひっかかっているのか？　掘り下げて見ることや自分の癖を見抜くことなども気軽に日常やっていくといいでしょう。

この本で紹介したグランディング、エーテルコードカット、ブロック解除なども簡単で楽しいので日常に取り入れてみてください。私はだいたい毎日やってます。（楽になるので）

◎ワーク

あなたの学びたいことを直感でゆるく学んでスピワークを気楽にやってみよう。

★スターシードとして気が付いている仲間とつながる

多くのスターシードが今まで孤独を感じ、今でも孤独や憤りを多く感じています。これは自分の感覚を否定されてきたり、うわべだけの作られた世界の中で自分自身というものをおさえて生きてきたからです。私たちはその中で多くの苦しさや不便さという地球の経験をつんできましたが、その学びももう終わりを迎えています。

これからはあなたの感覚や心の声に従って生きる時が来ました。等身大のあなたの声を必要としている人がたくさんいるのです。スターシードは地球という慣れない場所で、地球が宇宙になるお手本や手助けをしています。そのために存在しているともいえますのでなき道を進む感じで孤独を感じやすいのです。

そしてすでに多くのスターシードの仲間たち、宇宙由来の仲間たちが横のつながりを持ち始めています。

これは地球的に言う「群れる」ということとは全く違っていて、確認するに近いと思います。「所在確認」みたいな感じです。

いたいた！　スターシードがここにいたのね！　あそこにいたのね！　と確認することで、ものすごく安心感を得られることに気が付くでしょう。

同じような体験をしていた仲間がすごくたくさんいたことを知ると孤独感が薄れてきます。また、自分自身の感覚を肯定する気持ちも出てきて、力がみなぎってくるように感じます。

またスターシード同士がつながると無意識にホログラムなどで情報交換をしたりダウンロードしたりするので、やりたいことや夢の実現スピードが圧倒的に速くなるということが起きてきます。本当にすごいです。

是非これから宇宙の仲間とつながってみてください。気が向いたことから接点を気軽に持ってみましょう。みんな心温かく迎えいれてくれます。

年が上とか下とか関係ありません。年を重ねていても純粋な少年少女のような波動を出せるのがスターシードです。たくさんのスターシードの仲間が時代の最先端で新しい事を創造していますので、気軽につながってみるといいでしょう。

◎ワーク　できることからスターシードの仲間とつながってなにかコメントしてみる。またはあなたを発信してみよう。

★自分の直感や感覚に従ってマイペースに進む

自分の直感や感覚に従って生きると自分も自分の周りもうまくいくようになります。実は宇宙ではそのやり方でみんな過ごしてきているのです。自分にとってとても自然な形の自分の感覚で進むこと。宇宙ではそれでうまくいっているので、スターシードはその生き方をしていれば地球でも宇宙のように簡単にいろんなことが実現していくでしょう。

本来の私たちは、**もうそのままで完ぺき、完全な存在です。**ただ地球にいると、「何かしなければ」と探したり何かにならなければとおもったり、その不足感こそブロックであり進みを妨げていたことなのです。

これからはあなたの思うように好きにやっていいのです。そしてその時に出てくる罪悪感や無価値観、思い込みのブロックを気軽に楽しく外しながら、軽くゆるやかに本来の自分へとシフトしていきましょう。それをすることが覚醒や目覚めになってくるでしょう。

覚醒や目覚めは探すものではありません。あなたはそのままで『**最高に素晴らしい存在**

である』と認めること、『自分に力があると気が付くこと』重い思い込みの観念を外して『あなたのやりたいようにやること、楽しむこと』これだけでいいのです。

スターシードの潜在能力は未知数で、もともと宇宙の無限の豊かさのような経験や記憶があるのでこの地球でどんな創造をするか、表現やアートなど何をするかも未知数で、今どんなことをやっていてもどんな仕事をしていても全く関係ないです。

あなたの直感や感覚がなにより大事ですので、自分のペースで少しずつゆるく進んでみてください。

◎ワーク

あなたが思うように好きにやっていく中で、その時に出てくる罪悪感やもやもやを気軽に楽しく外してマイペースで進もう。

★宇宙規模へ意識を広げて地球を軽やかに遊ぶ

私たちの意識は今までとても小さくなっていました。どうしても枠の中で自分自身を生きることをしていたので小さく凝り固まっていたのです。それは本当の自分を思い出すことをわざと拒否していたといえることでもあると思います。

しかしここから、本来の自分は大きくて自由で、公平でどこまでも大きな存在であったと思い出し生きていけます。

そして意識を小さい規模感から地球規模へそして宇宙規模へと広げて行くときが来ました。やっとこの時が来たのです。あなたの本当の力を思い出す時は今なのです。

ここからは大きく飛躍し拡大していくのです。そのエネルギーの大きさは地球を超えて宇宙も超えてどんどん広く広く拡大していきます。この**拡大のエネルギーこそ本来のあなた自身**なのです。そして後は地球を気軽に楽しく遊びましょう。**遊ぶことが私たちのやること**なのです。

私たちは遊ぶことに慣れていませんが、本来遊ぶために地球に来たことを思い出して思いっ切り遊んじゃいましょう！

広い広い宇宙を想像してみましょう！　どこまでもどこまでも広がる宇宙とたくさんの銀河や無数の星たち。これは全てあなたの仲間であり、あなた自身であるのです。その感覚を「ぼーっ」と感じてみましょう。あなたが作った世界は何と美しく無限で素晴らしいのでしょう。

そして宇宙の中に浮かぶ地球を見つけて地球をよく観察してみましょう。この星はどんなエネルギーでどんなことが起こっていますか？　どんな人がいますか？　あなたはどこにいますか？　あなたを見つけたら声をかけてあげましょう。「あなたは地球に遊びに来たんだよ。何でも好きなことをやっていいんだよ」と言ってあげてください。そしてその自分に光のエネルギーを送って満たしてあげましょう。**あなたは愛の存在で光の存在**なんだと認めてあげましょう。

◎ワーク

日常なるべく宇宙に意識を向け広げるようにしてみましょう。遊ぶことを意識して地球をゆるく楽しんでみましょう。

宇宙が お父さん
地球が お母さん
すべては 一つ

◎まとめ◎

スターシードはもともと波動が高いので、ただ地球にいるだけで地球のために貢献しています。よくスターシードだから「何かしなくては」、とか「使命を探さなくては……」というところで迷ったり、焦ったりしている人もいますが、地球に存在しているだけですでに貢献しているということを腑に落とすといいでしょう。

そして後はあなたがあなたの好きなように生きることです。スターシードとわかった今、思い込みを外しながら、宇宙の方に意識を向け、あなたの好きなように生きること。それが地球のため宇宙のためになるのです。

またあなたの周りに同じように悩んでいる人がいたり、困ってる人がいたら、スターシードのことを教えてあげるといいでしょう。すぐにはわからないかもしれませんが、誰もが魂の奥深くでは必ずわかることですから、このことを伝えてあげることはとても大切なことだと思っています。孤独や憤りを感じてきた人生から解放して、本当の自分を生きる、思い出すことは何と素晴らしい事でしょう。たくさんの人が待っています。

宇宙の仲間とともにあなたのペースでおもいっきり地球を楽しんでいきましょう！

スターシードだと気が付いたあなたは、まず自分自身を解放していくこと。自分が自由になって行くこと。あなたが自由になり楽しんでいるとそれによってあなたの周りもどんどん変わっていくでしょう。周りの人があなたに楽しむ方法を聞いてくるでしょう。そうしたら教えてあげてください。

先に気が付き始めたたくさんの仲間たちがいますので、そんな仲間たちとつながってみてください。地球にいる私たちは一つの家族で、みんなつながっています。一人一人の存在が素晴らしく、凄い力をもっています。そして元をたどるとみんな自分自身です。そのことに思いを馳せると心が愛でいっぱいになるでしょう。

あなたがあなたを生きること以上に大事なことはありません。どうかあなたのペースで自分を解放していってください。

宇宙での経験からすると地球での経験や人生はとても短く、一瞬のようなはかないものなのかもしれません。地球にいるとそんなことも全く見えないので長い長い人生に感じますがとても尊い経験をしているのです。

スターシードの個性は自分が自分を愛することでとても魅力的に変身できるのです。スターシードが本来の輝きを取り戻したその個性は、この地球にはない光なのです。

アセンション（次元上昇）や高波動高次元……。**今後スターシードは時代の華となり光になる**でしょう。

みんな それぞれの
光のペースで

コラム

小さい時から食が細く食べるということが苦痛でよくわからなかった私。その中でもなんとか食べていたのはジャンクフード。派動が高いと言われる食べ物を食べるとお腹をこわすこともありました（笑）。浮きやすいので上がりすぎないように波動の低いジャンクフードを好んで食べてグランディングしていたのかも？　とおもいます。

宇宙では食べるという行為はほとんどしないでプラーナを取り込んでエネルギーを摂取しているようなので、食というものの面白さも地球ならではなのかもしれませんね。

私も今では何でも食べますが、なぜか同じものをあきずにずっと食べ続けます。最近の流行はオクラです（笑）。こういうちょっと不思議な偏食気味なスターシードも多いようです。

地球では波動が低い食べ物、高い食べ物ということに関心を持つ人が多いようですが、この偏食の経験からどんなものでも今自分が食べたい！　と思うものがベストで栄養になっているのかな？　と思ってます。食おもしろいですよね。

宇宙からのメッセージ

あなたは今まで本当によくがんばってきました。私はあなたをいつもいつも見てそして導いてきました。まずはあなた自身で今までの自分自身を認めてほめてあげてください。あなたが今までしてきた体験は、地球ではないとできないとても貴重な体験であったということを知ってください。そして本当にまっすぐにその体験をしてきたあなたは本当に素晴らしく最高な存在なのです。

あなたはいつも見守られ宇宙からたくさんの存在たちがサポートし応援していたということを知ってください。あなたはいつもいつも最高に愛されていて、そしてたくさんの仲間たちがあなたに光を送っていたということを知ってください。

あなたは今とても大事な時を迎えています。それは本当のあなたを思い出して、認めてその力を使って生きるときが来たということを知ってください。あなたはこの時を待ち望んでいたのです。そしてその時がきました。


今までのあなたの体験はこれからのあなたへの貴重なギフトだったのです。そしてその体験があったことによって、あなたは大きくそしてのびのびと自由に解放されて行く、本当の自分の力を取り戻していくということなのです。その体験は今のこの時にしかできないのです。とてもとても貴重な時なのです。

あなたが体験していた世界はすべてあなた自身で作り出して、そしてあなたが体験したいことを経験していました。

ですからこれからもあなたが思う人生をいくらでもクリエイトできるということなのです。あなたはそのままで最高に素晴らしい存在ですのでどうか思いきってあなたの人生を楽しんでください。


私たちはいつもあなたとともにいてあなたを最善で最高の方向へ導いていますので安心して身をゆだねてください。

そして私はあなたであなたは私なのです。あなたの中には全てがあります。自信をもって進んでください。

いつもあなたを愛しています。


〈宇宙にチャネリングをしてこの本を読んでくださっているみなさんへの宇宙からのメッセージを降ろしました。〉

第6章　33人のスターシードたち

スターシードについての記憶

ゆきこ　（新潟県）

私が少しだけ持っている具体的な記憶は、私たち30～40代くらいのスターシードたちが地球に降り立つ前の記憶です。地球の波動をあげるプロジェクトの一部として、地球外から見守る大天使のような存在たちのほかに、実動部隊がどうしても必要になりました。その理由は、地球のため、実動部隊の次に控えている本物の天使たちがなるべく波動のズレなく、地球社会へ入って行くことができるよう、自らが防波堤となり、地球の遅れに遅れた価値観、低いエネルギー、ネガティブな思念など、あらゆるものから彼らを守るためでした。

自分の存在を許し、認めることが出来ました

幼少期から、『生きている意味が分からない』とずっと感じていました。人やお金、死についてなど、常に疑問だらけで、親には『変なことを言っちゃいけない』とよく言われていました。学校も馴染めず、疎外感、孤独感を強く感じていたので、自分は居てもいなくても同じなんじゃないか、何でここにいるんだろうと、割と早い時期から自己否定を繰り返していました。そんな私の心の拠り所は『目に見えない力』でした。Youtubeでakikoさんを知ってから一気に引き込まれ、スターシードだと受け入れたことで、自分の存在を許せたんです。自己否定がなくなったことで、モノクロだった毎日が一気に輝きだし、自分自身が力を取り戻して、本来の自分の解放が起きました。そして、明らかに生きることへのエネルギーが増しました。そのおかげで、今世初めて『産まれてきてよかった、生きていてよかった』と感じることができました。

Rilyn　（宮城県）

宇宙から降りてくるもの

10歳くらいの頃。広くて遠いところからひゅん、と情報が降りてきた。映像だった。宇宙の、ある星の前にたくさんの宇宙の住人が集まっている。会議に参加しているようで、辺りの星々をまとめている代表のような人が高い位置から呼び掛けている。なんでも、今度地球で大きな計画をやるので、手伝ってくれるボランティアを募りたいとのこと。「やってくれる人は手をあげて～」と言うので、わたしが「何をすればいいの⁈」と聞くと代表の人は優しく「地球の人に親切にすればいいんだよ」と言った。私はとても嬉しくなり大興奮。「自分は親切が好きだし、そんな簡単なことでみんなが幸せになれるなら、なんて素晴らしいだろう⁈　そういうの大好きだ、ぜひやりたい」と勇んで手を挙げる。手を挙げたのは全体の半分くらいだったが、それがいいとか悪いとかは一切なく、それぞれの自由だった。この情報は本当のこと。それだけはわかった。

のぞりん　（静岡県）

ただ、体験したかった〜地球という星を

「こんなはずじゃなかった！」鳴り物入りで勇んで母親の子宮に滑り込んだ私。生れてからの私の記憶は、父親に殴られ、部屋の端まで飛ぶところから始まっています。母親は、妹をかわいがり、「あんたはお父さんの子だ」と言って、私の世話を拒みました。アスペルガー症候群の両親を持った人間の人生。うつ病、離婚、貧困、自殺未遂……。一通りのネガティブストーリーを体験して50歳を過ぎたある日、覚醒体験をして、地球でやると決めて来た事を叶えるために、私が自分で親を選び、仕組んだストーリーだと思い出した時の驚愕……。全ての謎が解けました。その後、ピアノを使ったヒーリングの仕事を始めました。今とても幸せです。

松田祐子（大阪府）

思いの癖、気の滞り、病気

私は地元を離れて霊山に囲まれた山岳地帯に住んでいます。仕事に明け暮れていましたが、妊娠を気に胎話士の方との出会いや、赤ちゃんの宇宙感に圧倒されるようになりまし

た。日本三大古布の葛糸を紡いだり、染め物をする時に浴びた太陽の優しさと川の水面の煌めきが忘れられずに、現職を去る事にしました。スターシードとしては、幼少期から、賢いけれど友達がいない、自分の事を話さない父や、自己表現しない姉に、なぜ？　なぜ？　といつも疑問符ばかりで、周りの心配ばかりし、自分が守らなければ、皆んなもっと楽に生きて欲しいという願いばかりでした。10代に掲げた、世代間伝達をしないという命題のために、長年自虐的な人生を歩む事になりましたが、それも昇華されてくると、人を診る上で社会的な背景とともに理解できるようになっており、当時の経験が全て生きている事に気付かされました。無駄な事はひとつもない。私は全て経験したい魂だったんだなと。

れい（岐阜県）

全ての謎が溶けた瞬間

1998年9月30日バリ島の星が降るような満天の夜空から、次男は地球に舞い降りました。長男を出産後、すぐに二人目を望んでいたが6年間授かりませんでした。いっそ三人家族で良いんじゃないか……と夫婦で話し合った家族旅行の初日の夜に私は夢を見ました。阿修羅のような、シーサーのような……様々な神々たちが口々に「お腹に赤ちゃん入ったから」と私に伝えている夢でした。翌朝、パートナーに伝えると大笑い……けれど、夢は現実になり翌年、地球に次男は生まれて来ました。長男とは明らかに違う彼はテレパシーで私に話しかける子どもでした。その日から、私は不思議な出来事を猛スピードで経験する人生を歩んでいます。全ての存在は光でありエネルギー体であると確信出来る経験の数々……それまでの私が疑問に思うことを全て理解することになりました。

kayo（東京都）

ピンチをチャンスへ変えられた意識の変化

私は約3年前に乳癌を患いました。しかも珍しい両方。初期で発見されましたがとてもショックでしたし、母乳で子供を育てられないかもしれないということが1番ダメージが大きかったですね。死の恐怖もありました。そんな私は、同じ生き方をしていたらまた再発する！　と感じ変えたのが思考でした。思い込みやブロックで何も出来なかった私は、思考を変えただけでみるみる元気になり、このままでは死ねない！　という強い思いから、やりたい事をやる人生に変わりました！　そこからの導きが凄くて、akikoさんの動画に辿り着き、サロンに入り開眼、チャネリングが出来るようになり、今は宇宙系のチャネリングやヒーリングを仕事にしています‼　凄い変化です！

ネモトカオリ　（福島県）

本当の自分で生きることを魂は望んでいた

akikoさんの動画を観て、自分がスターシードだったということ、今まで生きにくかったことが全部腑に落ちました。自分が宇宙由来の魂であることを知ることになり、さらに納得をしました。その後、ビジョンやメッセージを受けとり、自分は本当の自分で生きることがすっと決断でき、さらに宇宙の流れに乗ることができました。スターシードならではの悩みや苦悩は自分の感覚を理解してくれる人が少ないことですが、オンラインサロンで仲間と出逢い、自分はこのままでいいんだと心から思えました。これから、特にビジネスを通して、人と人、人と仕事を結び、この地球を思う存分に楽しみ、遊びたいと思います。

赤星裕美　（東京都）

ぶっちぎりの時代がやってきた!!

私は長年摂食障害やパニック障害に悩まされて来ました。常に心の奥深くに満たされない想いがあり、「私は何故生まれてきたのだろう?」と、外側に自分の承認欲求を求める日々。そんな時、「スターシード」という言葉を知り「この重いエネルギーは私本来のものではない。元々が軽すぎるエネルギーだから、生き辛い地球にわざわざ生まれてきたのか!」と、腑に落ちました。スターシードオンラインサロンに入り、現在すごい勢いで拡大をしています。サロンに入る直前、対人恐怖症で近所への買い物さえもドキドキしてしまう私が、発信を始め様々なセッションを行えるようになりました。メソメソ泣いていた私がたった数ヶ月で沢山の方を応援する立場に立てたことには自分でも驚きです。そして、今まで頑張ってきた自分自身に感謝の想いが溢れてきます。

こけしyuko（神奈川県）

トンネルの中で同じ人生を3回以上見せられる

暗く長いトンネルのような滑り台をすべっています。くねくねと曲がったトンネルはスピードとスリルがあってとても楽しくて、すべり終わるとまわりには5、6歳の子供たち数名がいるのがわかりました。上にはツノが5本生えた赤い顔のおっさんと、ツノが1本の子分らしき赤い顔のにーちゃんがいました。五本ツノ「だめだな」の一言。今のすべりがダメだったようです。1本ツノが私たちにアドバイス。父と母の会話。ゆったりとした長い旅……老人が海を眺めながら座っている姿が見えました。それは晩年の自分だとわかりました。ゆっくりと時間が流れています。すごく満足した気分になりました。すべり終わるとトンネルに飽き階段とは別の通路の方へ行きたくなりました。そして、そこに入っていくと……突然、パーと強烈な光に包まれて……私は生まれたのでした。

Astra　（沖縄県）

3・11東日本大震災を転機に龍音の道へ

5歳の時から3度の大きな交通事故。そして3・11東日本大震災では両足を骨折し約2ヶ月の入院、リハビリは9ヶ月に及びました。今思えばあの3・11大震災での被災こそが人生のギフトであり転機でした。病院のベッドで、自分の人生の最期のヴィジョンを見てしまったことから、「後悔しない人生とは何なのか」について考えた末、シンギングボウルの演奏と波動のスペシャリストになる道を選んだのです。数年後、海外の方にも波動について教える国際スクールの講師になり、遠隔ヒーリングは延べ1万人以上に行ない、現在は「波動の学校」を主宰、後進の育成に努めています。また「龍音シンギングボウル」演奏家として出雲大社や高野山など神社仏閣50ヶ所以上で奉納演奏を実施、一方でCDデビューや書籍の出版も行ない、震災の前からは想像がつかないような展開が訪れています。明るい地球の未来のため、これからも活動して行きます。

伊藤てんごく。（神奈川県）

私のガイドは息子⁉

私には8歳の息子がいます。その子が3歳〜4歳の頃、突然この地球に生まれる前のことを話しはじめました。「ちゃーちゃん（私）のお腹に来る前は宇宙におってん」。胎内記憶のことは知っていましたが、それ以前の記憶があるとは。息子が話す内容をまとめると、息子達は宇宙のどこかの星で光の玉のような存在だったようで、一人神様のような存在の方がいたようです。地球の様子はテレビのようなモニターで見ていて、その神様に私の元に生まれることを自ら志願し、初めは女の子で生まれる予定でしたが、私を守りたいので男の子に代えてもらったそうです。ある日、私はストレスでメニエール病となり、寝たきりとなってしまいました。そんな時、以前なんとなく学んだ宇宙の法則を思い出し、もっと解りやすく説いてくれている人はいないか調べ、Akikoさんに辿り着いたのです。スターシードという存在を初めて知り、今までの点が線になり涙が溢れました。今まで生きにくく、辛かった原因がわかり、自分を理解し愛するキッカケになりました。息子のあの一言がなければ、私は目覚めていなかったかもしれません。

Sachiko（大阪府）

毎日、目覚める星の種

皆にある可能性の種、そんな話をします。Akikoさんをきっかけに知った、『スターシード』という言葉。50歳の自分はどうなのだろうと最初は悩みました。そんなある日『スターシードでいいや』となり。『皆、スターシードなんだな』と変化し。『スターシードとは言葉であり、今の自分が全て』と感じるようになりました。オンラインサロンに入り多くの人と出会い、多くの経験をし、気づけば自らが変化し、人の変化をサポートする日々が続いています。チャネリング、Light Language、ヒーリングをしながら『自分は目覚めているのだろうか？』という思いが湧く時があります。今日の目覚めは、今日の為のもの明日の目覚めは、明日の為のもの。私の中の星の種は日々進化し変容しています。凄く速い速度で芽吹き花を咲かせ、友と受粉を繰り返し新たな種を実らせています。今、ここにその場は用意されています。供に芽吹きを喜びましょう。

田中洋一郎（宮城県）

「星が教えてくれたこと」

貴方は大切な人を亡くした経験はありますか？　突然のお別れ……後からわかったのですが、父は自ら人生の最後を選びました。そしてふと戒名を見ると……精章院麺業商貫清居士　父はもしかしたら、精一杯蕎麦屋として全う出来たのかもしれません。その日から、天国の星……父との対話が始まりました。私は、悔やむ気持ちを「自分らしく生きることを応援する看護師になる」と決め、今は潜在意識を引き出すコーチ、ヒプノセラピスト、ヒーラーとして活動しています。星が教えてくれた大切なこと①魂の声に従って自分軸として生きること②自分を愛しエゴを手放すと幸せになれること③〝今ここ〟幸せでいると必ず夢は叶うこと。辛いこともどう捉え行動するか？　で人生が変わります。宇宙や神々と対話ができるようになりました。そして宙を見上げたら「本当はどうしたい?」と、問いかけ続けて欲しいのです。貴方の中の真実とつながる事ができると思います。

YOU☆KA（神奈川県）

スターシードは全ての概念を越える存在

ある日2機のUFOを目撃。「宇宙人はいるんだ」とすぐ腑に落ちました。それから宇宙人に関する動画を片っ端から見て「スターシード」と意識するようになり、過去の概念、思考の癖、思い込み、外の世界を意識し縮こまっていた自分の魂に気がつきました。それらを引き剥がし、手放して思考の自由を取り戻しました。波動が軽くなると嫌みを言っていた夫が優しくなり、家庭が円満に。そして良縁を次々と授かりました。概念と言う枠を外すだけで、どこまでも好きな世界に行ける自由を手に入れられるのです。この地球に生まれて、健康な身体と素晴らしい環境を授かって幸せです。スターシードだと自覚できたことに、本当に感謝しています。

taeko（鹿児島県）

スターシードだと知ってラクになろう！

スターシードという言葉をyoutubeで知りました。すべての辻褄が合い、今まで自己否定していた部分も受け入れられるようになりました。人の気持ちがもやもやと伝わってきて、自分の感情と人の感情の区別がつかなことがありました。だから、人との深い付き合いが苦手でした。束縛されるのがイヤで、たくさんの人数でいると1人になりたくて仕方なかったり、目の前の人の話を聞きながら、隣の人の話に興味を持って聞いたりしました。興味があるものにしか関心を示さない、なんて冷たい人間だろうと思っていました。野菜や土、動物とのコミュニケーションは、ストレートなのでとても楽しいです。能力を発揮すると利用されるか殺されるという恐怖がありました。これからのスターシードは、自分の特性に気づき、恐れを手放して、好きなことだけをやっていく時がきました。好きなことを楽しむと、本来の魂の輝きが戻ります。ハイアーセルフと一緒に、ラクに楽しみましょう！

清水美智子　（沖縄県）

5年間のうち2度のがんにかかって。

私は、5年間のうちに、子宮がん、盲腸がんが見つかりました。幸いにも両方とも、全く初期だったので、その後の経過は順調でした。それまでは、資格を取り、ブラッシュアップの為の勉強にまい進し、仕事と勉強を両立させてきました。そんな中、2度のがんで、私の道は間違っていることに気が付きました。その時に、丁度akikoさんの動画に出会ったのです。akikoさんの話は全て、私にぴったり当てはまりました。そして不思議な夢をみました。病院でドクターが、泣きながら「今まで自分を偽って、自分らしく生きて来なかったから病気になったんだよ。でもこれからは自分らしく生きるからもう病気にならない」と。私は、akikoさんの動画とこの夢を見たことで、自分のハートの声を聞いて生きて行こう。無理と思っていたライトワークの仕事をしようと決心しました。

onmani 18（大阪府）

スターシードと宇宙視点の啓蒙活動

幼い頃から、本物の家族は宇宙にいると信じ、星を見上げて故郷を探しました。幼稚園に入ってから、みな同じことをしなくてはならないことに退屈していました。いつも上の空、同級生は欲しいもののために、人から奪ったり、攻撃したり、何て野蛮なんだろう？　宇宙ではみんなで分け合うから争いはないのに。と思ってました。30代になり、セラピーの資格取得セミナーへ行くと、ペアワーク実習で「あなたはピュアで真っ直ぐ、使命を持ってやって来た宇宙人。」と言われるのが頻繁に。2019年の秋分の日、大切な人とのご縁が強制終了し、ショックでしたが、スペースが空いたんだ！　と切り替えたら、「スターシード！」という言葉が降って来ました。今後は宇宙視点から視座を拡大して悩みを解決、宇宙の法則を日常生活に活かせるよう、やさしい語りで伝えて行きたいです。

笠野麻理　（千葉県）

スターシードとして生きる私の今と未来

「宇宙で妖精をしてきたような人にとってこの地球で生きる事は本当に苦しかったと思います。」akikoさんの言葉を聴いた瞬間、安堵の涙がこぼれ落ちた。幼い頃から両親の不仲に心を痛め、他人の顔色ばかり伺うようになっていた。私が救う！　と思い続けていた母が12年前に鬱を発症した時、「人は人を救えないんだ。その人自身の課題なんだ。」と思い知った。それでも人への過度な気遣いが止められず、半年前にストレス性の病で倒れた。目が使えなくなった理由を自分に問うと、「外ばかりを見ていたから。自分の内側を見る時。この病気中に新たな能力が開花する」と答えが返ってきた。まずは自分を癒し大切にして満たしていく。そして溢れた愛と光をたくさんの人達に注いでいく仕事をすると決めた。『心を楽に生きていく！』今までの人生を創ってきたのも私自身だ。創造主としての自分に気付いた今、私は静かな幸せを噛みしめている。

ふわりん　（広島県）

スターシード★苦悩な人生がイマ幸せ満開

わたしには、小さい頃の記憶がハッキリとあります。その時、思っていたこと、感じていたこと、小さい頃の自分は本当に本当に辛かったし生きづらかった。30歳で結婚して一人の時間を過ごすことができ、初めて自分と向き合い、そこでインナーチャイルドという言葉にも出会いました。頭ではわかっていても何をどうしていいのか分からず、子どもを産んで育児疲れのピークでYouTubeでakikoさんを発見！　それが人生を変えてくれる出会いになりました。子どもにオッパイあげながら熱く語るakikoさんに、「うける〜

（笑）」と思いながらハマり、自然で自由で制限ないakikoさんに、たくさん気づかされ枠が外れていきました。何をどうしていいのか分からなかったことが、akikoさんが話していることが腑に落ちて軽くなってる自分にも気づき、パパからも「最近、いい感じじゃ～ん！」なんて言われるようになって周りも見るもの感じるものが全て変わったように感じます。環境のせい、周りのせい、誰かのせいにしてきたけど自分が変われば環境も周りも何もかもがキラキラした世界になりました。過去の自分も過去に関わってくれた人達に感謝！　今、本当に幸せです。ありがとう。

Komi Hiro　（福岡県）

もう夢から覚めたよ、おはよう（ˋ∇ˊ）

私の人生はスターシードのテンプレ人生。家庭環境過酷、小学生からいじめ、集団に馴染めない、外に幸せを求めて結婚＆出産そして離婚。一人で子育てしながら仕事、また集団に馴染めずいじめ。ずーっと貧乏。どこかに帰りたい気持ち。自分のいけない所を探して本を読み、改善してみたが当然ダメで、自分を責める→強制終了（笑）。そこでakikoさんの動画に出会い『自分はスターシードなんだ』といううっすらとした思いがはっきりとした意識に変わりました。今、ハイヤーセルフの愛と心強さを感じています。自分が世界を作ってる！　自分のやりたい事ができる！　自分にも仲間がいる！　という喜びを感じています。三次元の周囲が変わり、見るもの全てが素晴らしく、やはり愛が全てなんだと確信した喜び！　長い夢から覚めたから、自分のやり方で人々の中にある愛を育てていくよ！

今泉あかね（千葉県）

過去世の記憶とエラー、魂のルーツ

私には生まれる前の記憶が残っています。そのために子どもの頃からよくわからない存在が私を観察に来ていました。過去世の記憶が頻繁に出てきた時期、私はこの存在を「夢」で見ました。その夢の中では、私の足の皮膚の下で無数の物体が動いていました。その後、所謂スピリチュアルなことに興味が沸き色々調べているうちに、自分に何が起こっているのかわかってきました。過去世を記憶に残したまま生まれてくるのは〝エラー〟で、足の皮膚の中にあった物体は「インプラント」だと。諸々割愛しますが、今は私の中のインプラントはもうありません。自分の魂のルーツを知り再び邂逅できたとき、時空を超えて

「今・この次元のこの場所の私たち」を「何か」が助けてくれたお陰だと私は思っています。自分が何物なのかを知り、そのままの自分でいること。よく言われる通り、これは最大の幸福であり最高の状態なのだと私は信じて疑いません。

ジェイド　(海外在住)

愛を持ってふざけてる

私は正直スターシードという言葉や自分がスターシードなのかについてはどっちでもよいです。自分の感覚や感性、自分の中に入っている色々な要素（例えば地球だけでなく宇宙とか星とかも含む）に自分で向き合い、いろんな自分に気づいて変化を楽しむ事がナチュラルで好きです。向き合って気づいた事を軽く書くと、宇宙や高次元や根源といわれる存在は、ふざけてるしチャラい（笑）でもとてつもなく愛情深い。それすらどっちでもいい。そんなゆったりした心境です。地球で宇宙のまま生きれる素敵な今だと思っています。

亜子　(兵庫県)

スターシードとしての役割

子どもの頃から宇宙に興味がありました。35歳の頃にスピリチュアルを知り、スピリチュアル本を読み、プレアデスにも興味を持ちました。その頃チャネリングを受けて、過去生プレアデスにいたこと、地球を助けに来たことを教えてもらいました。特に自分ではスターシードという自覚はないし能力もないですが、10年以上前にテニスを友人として、ボールを無心で追いかけていたら時が止まり、私が消え大いなる意識に還った体験があります。感覚、思考、感情すべてがなく、ただ意識だけがありました。本来の私たちは大いなる意識であり、創造主であり、すべてを創造出来る。そのことをスターシード達が目覚めることをサポートしに私は転生したのではないかと感じています。そして、新しい地球をスターシード達と楽しみたいです。

よだちかこ（神奈川県）

本当の自分に戻ろう

私は、何十年と自分の「第六感がある」という個性を見て見ぬ振りをしていました。スターシードもそうです。とにかく、自分の個性を拒否し続けてたのです。しかし今年、偶然スターシードの動画を見た私は細胞がブルブル震え出し、涙を流していました。そして、今までの記憶が走馬灯のように流れて、点と点が結ばれ腑に落ちました。もう、受け入れるしかない。すると、今まで欠けていたパズルのピースがはまったかのように「本当の自分に戻った」感覚。なんて幸せなんでしょう。そして、リラ星人の記憶も蘇り、誰かを助けたりしなくても「本来の自分に戻る」だけで世界が調和するという事を思い出しました。みなさんも、受け入れがたい個性があっても勇気を出して認めてあげて下さい。それだけで、人生が世界が変わりますよ。

まゆたま（大阪府）

スターシードの宇宙人的子育て

幼い頃から、不思議な感覚を持っていました。人間はどこから来たのだろうとよく考えていました。人の頭の中が、それぞれ違うことが不思議に思えたり。その頃から、人の感情や感覚をキャッチしてたんだなと、今なら思えます。スターシードの人は生き辛いといいます。私も波乱万丈な人生でした。でも、それを何故か不幸だとは思わなくて、いつも何とかなると根拠のない自信で乗り切ってきました。変わってると言われることが褒め言葉でもありました。そんな私が母親になった時、子どもとして愛するという感覚が分からず悩んだ時期がありました。母親と子どもという感覚ではなく、お互いに１人の人間なんだと思うことで、楽になったのを覚えています。そして、娘もスターチルドレンです。感受性が高く、傷つきやすい、でも自分を生きたい。そんな個性を理解し肯定し、でも、私も思いを伝える。お互いを尊重し合えるそんな関係になっています。

おのさとみ（熊本県）

覚醒への道のり

子どもの頃からスピリチュアルな両親の元に育った私は、そんな変わった両親である事が嫌で嫌で、大人になると一切スピの話から遠ざかっていました。しかし、「そろそろ覚醒めなさい」と云うような事が起こり、自分で創った3次元の世界が苦しくて抜け出したくなっていました。色々と本を読んだり、ユーチューブを観たりしている内にakikoさんのチャンネルに出会ったのが昨年の夏頃でした。そこで「この動画を観ている人はスターシードだよ」と言われているのを聞いて、「私もスターシードかも」と思いました。思い出すと、子どもの頃はよく幽体離脱をして天井から自分の身体を観ていたり、夢で頻繁にイルカと泳いだりしていました。高校生のときに交換留学したスウェーデンに初めて降り立った時は「懐かしい。私、ここに居た事がある」と感じた事も。そして「私は今世で地球を終える！　だから、こんなに世界中を旅して回って、その地にお別れを言ってるんだ」と気づきました。これからは、自分が創造主である事を本当に体現し、地球で遊びきって宇宙に帰って行きたいです。

スノーコアラ（海外）

理系の私が、ハマった理由

データしか信用しなかった私がハマった理由は、ただ一つ。「現実化が早い」と感じているからです。スピリチュアルに興味のなかった私は「スターシード」という言葉すら知りませんでした。偶然にもAkikoさんの動画を紹介され、それからAkikoさんの動画を見まくり、オンラインサロンにも入ることに。実は入会を迷ってたのですが、偶然にもオーストラリアのケアンズという限られた地域で、「もう入ったよ！」と知人がいたのです！　え！　こんな事ってあるの？「私も入った方がいい」と感じて、その日に入会。これからは「現実に落とし込む」ことと「スピリチュアルな才能」の両方を使って、今後はワクワクする人生を楽しみたいと思います。

Nao（海外在住）

スターシードにとってのJOY

20年ほど半導体メーカーで設計の仕事をしていましたが、「他にやることがあるのではないか?」という疑問がわきあがり、スピリチュアルの探求をするようになりました。ただ、当時は話を共有できる人がおらず、孤独感を味わう日々でした。2012年の冬至、巨大な龍雲と出逢ったことをきっかけに、このままではいけないという思いが急速に強まり退職することに。さまざまな出逢いと導きがあり、1年後にはライトワーク活動を開始することになりました。今は、自分の意識を拡大させていくことが何よりもおもしろいですし、そのプロセスで、共振いただいたスターシードのみなさんとつながっていくことに喜びを感じます。嬉しき楽しき弥勒の世へ。新次元を体験するワクワク感が、私にとって最大のJOY＝喜びです。

小原歩（熊本県）

宇宙仲間たちとの出会い☆

今まで、ヒーラーやセラピストという肩書を持つ人でさえも、人をジャッジしてしまうんだという現実にとても悲しさを感じていました。ジャッジされたり、ディスられたり、信頼していた人の裏側を見てしまい傷ついていました。夏にスターシードサロンに参加し、広島で何度かオフ会を重ねていくうちに、そこで出会える宇宙の仲間たちと交流することで私は自分の本当の在り方を思い出していきました。自分の感覚を信じることができるようになり、イベント企画など、これまで制限していたこともスムーズに進められるようになりました。あったかくて、良いとか悪いとかなくてどっちでもよくて、在り方を尊重しあえる仲間に出会えたことが私の宝物になりました。これからも宇宙仲間のスターシードたちと一緒に拡大していきます‼　このタイミングでの再会に感謝。

大貫由美　(広島県)

自分らしく生きることで光となる

私はスターシードならではの悩みや苦悩、子供の頃から人と違っていると感じたり、周りに溶け込めなかったり、家の中でも孤独感を感じていました。そして宇宙に帰りたいとも感じていました。ある時、スターシードである事を知り、これまでの苦悩や孤独さを理解しました。自分がどういう存在であったことを知りました。宇宙連合時代にアシュタールの艦長と一緒に働いていたことも知り、スターシードと分かった仲間達と出会う事が出来ました。そして同じような価値観を一緒に共有することが出来ました。今、共同創造を行い、自分らしく生きることで光となり、地球のアセンションに貢献できる喜びを感じています。

ジョニー（沖縄県）

人生の転機となったスターシードの再会

子供の頃から、ちょっと不思議な子供だったと思います。人一倍空気を読むのが得意でした。いつも子育てに必死で感情的な母親の気持ちに敏感でした。言葉で言わなくても、人の本心が分かるようになったのは子供の頃の境遇が関係していたと思います。小学生の時も、ぶりっ子の女の子が好きな男の子に良い格好をしようとして本心と違うことを言っていたので、つい「本当は◯◯って思っているのに、何で嘘言うの？」と言ってしまったことがあります。スターシードの仲間と出会ってからは自分と宇宙の信頼度が１００％に変わりました。なぜかと言うと、自分の能力や子供の頃から何となく出来ることが、スターシードの仲間で同じような悩みを持つ人たちの為にとても役立つことが分かったからです。子供の頃から人とつるむのが苦手なわたしですが、これからはスターシードの仲間、同志と共に調和、愛と光を灯しながら歩んでいくと思います。

星名美幸　（東京都）

人間のフリ60年間

「会社を辞めないと死ぬけど、いいの？」という促しがあったのですが、再雇用は難しい為、ガマンして働いていました。長年、自分の本当の気持ちを封印し、「自分は感じない」「自分は本当の自分ではない」という離人感がありました。しかし、繊維筋痛症の病状がとても辛くなり、痛みと寝不足で、強制終了。翌年からは自宅療養に専念しました。片っ端からいろいろなヒーリングを試しました。ある日、akikoさんの動画との出会い、家族と会話する様な、すぐ傍らで語ってくれている様な、リラックス感がうれしくて、繰り返し夢中で見ました。近ごろは、サロンのオフ会でのリアルな交流の場に参加しています。

何十年間も、普通の人間のフリをして来た私ですが、話していてホッとするのは、生まれて初めて感じる安心感かも知れません。人との交流の中で私は解放されていくのを感じています。

Kazu（長崎県）

コラム

本当に苦しかった時に宇宙存在やアセンデットマスターたちにチャネリングして手伝って〜すきにやっちゃって〜とお願いしたのに手伝ってくれない時がありました。

なぜ助けてくれなかったのか、宇宙不信になりそうになってた時に知ったのは、たのみかたがおおざっぱすぎて伝わらなかったということ。

宇宙では相手の魂や自由意思を尊重するので、こちらが頼まないと手を出すことができないんです。

しかも具体的に頼まないと宇宙人には理解できなかった……（笑）。

ああそういうことね。具体的にもっとたのむわ。

どこまでも私たちを尊重して見守ってくれていたことにほっこりしたできごとでした。

自信を持って光の道を進んでください。

〈宇宙にチャネリングをしてこの本を読んでくださっているみなさんへの宇宙からのメッセージを降ろしました。〉

宇宙からのメッセージ

勇気を出して声をあげてくれてありがとう。あなたたちの勇気は何百倍何千倍になってたくさんの人たちの光となって行くでしょう。

宇宙からみんな本当にうれしく思っています。そしてこうやって感じている人たちはとても多く、声に出せずにいる仲間がたくさんいるということを知ってください。

なぜ生まれるのか？　なぜ死ぬのか？　死んだらどこに行くのか？　うまれてどこにいってどこに帰るのか…など人間として生まれたあなたたちの人生のうちに必ず考えることは通る道の道しるべにもなるものです。その気づきがスターシードには強くありますので早い段階でその探求に入る人も多いのです。

そして今後はさらに気が付いてくる人たちが増えて行くでしょう。

あなたたちはまだ先駆けの存在ですから勇気がいることと思いますが、これからどんどんスタンダードになって行くことです。

地球があんまり美しいから
さいごにもう一度来たかったよ

おわりに

あなたが宇宙の創造主。

今、全ての枠を超えて、宇宙的なマインドで生きる時代が遂にやってきました。

『スターシード』として宇宙的マインドで生きる時、初めて本当の自分を自由に生きる事となるでしょう。

あなたは今まで、『これは良い、悪い』『こうあらねばならない』『○○すべきだ』という、観念に囚われていませんでしたか?

それは、鎧のように何重にもなって、あなたの心のブロックとなり、本当のあなたを生きる事を妨げていたのではないでしょうか。

……私もそうでした。

私は、幼い頃、父の会社の倒産による夜逃げを体験しました。
その出来事は、トラウマとなり、心のブロックとなり、長く自分を苦しめる事となりました。

しかし同時に、そのブロックのおかげで、心と世界について多くを学び、深く深く、世界の真実を探求する事ができました。

そしてある時、自分が「宇宙由来の魂」である事を知り、全ての点と点が結ばれ線となりました。

宇宙由来の魂であると、あなたが気づくとき、初めて、全ての謎が解き明かされます。
何十にも重なった、不要な観念（心のブロック）は、徐々に溶け始める事でしょう。

すると、今までの生きづらさ、辛い体験の意味を知ることになります。

そして全ては自分という魂が設定し、体験したかった事なのだとわかってきます。

スターシードという言葉がもたらすものは、
「選ばれた人」であるとか、「自分は特別だ」という『分離』ではありません。
現実逃避として辛さから逃れる為のものでもありません。

スターシードという言葉がもたらすものは、
・本当の自分は、こんなにも、大きく、深淵であり、永遠な存在であること。
・なにかをしなくても、他の何者にならなくても、あなたが、ありのままで素晴らしい存在であること。
・この宇宙の中心はあなたであり、世界は自分が創っていること。
これらを、思い出すきっかけを与えてくれることでしょう。

今までの多くの偉人の教えは、自分が主人公である事を教えてくれても、
自分が創造主であるという観点を教えてくれませんでした。

だから人は、有限の人生の時間の中だけで、いかに効率的に勝利し、多くのことを成し遂げるかだけに囚われてきました。

そして、地球のルールという枠の中に自分を閉じ込め、制限の中でしか生きることができませんでした。

あなたが宇宙の創造主として生きはじめた時、すべての責任はあなたが持つことになります。
同時にあなたは全ての力を取り戻すことになります。
そして、無限の力と可能性を持った本当のあなたとして、ただ、今という時を楽しむ事が出来るようになっていくでしょう。

この本を読み終えたのであれば、もう思い出す時です。

あなたが宇宙の創造主なのです。

市村よしなり。

スターシード☆オンラインサロンについて

スターシード☆オンラインサロンは、開始わずか3ヶ月でメンバーが3300名を超え、日本トップクラスの規模のオンラインサロンとなり、今も拡大しつづけています。

サロン内では、毎日沢山の交流が行われ、エリアや趣味の分科会も30種類を超え、メンバー同士の交流もさかんで、オンラインだけでなく、オフ会も大変盛り上がっています。

オンラインでのライブワークや、国内外で行われる楽しいイベントなど、お互いに気づきをシェアしながら、一人ひとり、成長し、高め合っています。

みんなのスキルや才能を売り買い出来る宇宙系フリマでは、毎日多くの交換がされています。最終的にお金を介在しない、理想的な循環型経済エコノミーが出来ることでしょう。

そして、数千人が集い、100万人に視聴してもらう『宇宙フェス』プロジェクトを開始。

皆が集える『スターシード CAFE』も OPEN しました。

今、想像を遥かに超え、宇宙規模の拡大をしています。

以下 QR コードから
無料 LINE 登録で
スターシードの為の
役立つ情報をお届けしています
↓特別動画もプレゼント↓

ご協力頂いた方々（抜粋）

高橋夕子
籠田清香
和
有摩美里
舞観湖
美香
田中洋一郎
鶴山真理子
大貫由美
曽根田寛子
浅海輝久
赤星裕美
青山円
清水美智子
星名美幸
森内真由美
上島麻理恵
松田祐子
小野聖丘
小原歩
春うらら
寺澤貴子
阪本ゆり
今泉あかね
光子
月香
圭葉
亀澤由紀子
笠野麻理
加藤咲子
宇生
伊藤てんごく。
安部朱美
亜子
れい
ランスタン けいこ
よだちかこ
よく喋るシリウス人
ゆみえみ
ゆきこ
みこ150
まゆたま
まいこぴー
ふわりん
フローライト
ハム子
パムロン
のぞりん
ネモトカオリ
ちぐさ
たか
ソラミ
そらのたね
スノーコアラ
ひろし
Unity
ハーツよっさん
ジョニー
ジャスミン
ジェイド
さっちー
ことり
こけし yuko
かなるんるん
カナ
かっちん
あいはな
YOU ☆ KA
Y.E
taeko
SOLA
SHIORI
Sachiko
Rilyn
Rieko.K
Rie
onmani 18
nao
Nao
Komi Hiro
kiko
Kazu
Kayoko
kayo
K-Pleno
HISA
handrop. マキコ
E.N
azuminoa
Astra
宇宙のリモ・ヒーリン
373（みなみ）
純子
まほ歌
心乃
下野裕子
昭子
カネオ

Special Thanks
スターシード☆オンラインサロンメンバーの方々

星キャラクターデザイン
alpacca creative

装丁イラスト
のりピー

参考書籍

プリズム・オブ・リラ―銀河系宇宙種族の起源を求めて
（リサ・ロイヤル）ネオデルフィ

ギャラクティックファミリーと地球のめざめ
（リサ・ロイヤル）ヴォイス

「願えばかなうエイブラハムの教え」
（エスター・ヒックス）ダイヤモンド

あなたはどの星から来たのか？ あなたの出身星がわかる本
（ファルス）ヒカルランド

地球で「生きづらいなぁ」と思ったら読む本
（オレンジャー）KADOKAWA

参考サイトリンク

【日本】

PLANET NEBULA
https://ameblo.jp/viva-bashar/

straseed ku ブログ
https://ameblo.jp/newbbaji/

ライトワークを始めよう
https://lifework.blue/

リリーのエンジェルナンバー
https://angel-number.fun/

セレンディビティー
https://serendipity-japan.com/

パラダイムシフト
https://kusanomido.com/
meshiya/

【世界】

http://archangeltherapy.net/
http://askingangels.com/
http://fixedstarsinfo.blogspot.com
http://soulsofsilver.com/
http://starseedacademy.net/
http://www.exopoliticssouthafrica.org/
https://alien-races-extraterrestrials.blogspot.com/
https://blog.goo.ne.jp/powbbie/
https://cdreifuz.wordpress.com/
https://energeticsynthesis.com/
https://numerologist.com/
https://odinsadge.com/
https://www.elementi.info/
https://www.spacebrothers.jp/
https://www.truthcontrol.com/
http://siriusascension.com/
http://soulsalight.com/
http://starseedradio.starseed.libsynpro.com/
http://starseedsportal.org/
http://www.crystalwind.ca/
https://ascensionglossary.com/
https://in5d.com/characteristics-of-et-races/
https://marquis1305.tumblr.com/
https://olive.99huku.com/
https://stillnessinthestorm.com/tag/starseed/
https://the-starseeds.tumblr.com/
https://thestarseedscompass.com/
https://ufoholic.com/
https://www.cosmicnews.org/
https://www.crystalinks.com/
https://www.disclosurenews.it/
https://www.emeraldguardians.nl.eu.org/
https://www.exopaedia.org/
https://www.gaia.com/
https://www.space.com/
https://www.spiritualunite.com/
https://www.truthcontrol.com/
https://www.tumblr.com/tagged/vashta
https://www.vashta.com/
https://zingdad.com/

著者　akiko
宇宙系ライトワーカー。
1977年９月　長野生まれ　東京育ち　インド在住
2015年からスピリチュアル活動をはじめてトータル2000人ほどのセッションや講座をこなす。2018年からはじめたYouTube動画が人気になりチャンネル登録者が５万人を超える。霊視、チャネリング、潜在意識書き換え、宇宙語が得意。
2018年宇宙由来の魂であると知り、今まで探していた境地に行きつく。
自身がまったくスピリチュアル能力がないところから、徐々に能力が開いてきたので、だれにでも潜在的にスピリチュアル能力がある事に気が付きそのことを伝えたり、スターシードを底上げする活動をしている。
座右の銘　生きとし生けるものすべてみんなみんな幸せであれ ＆ ゆるゆる

ブログ「自分の心のワクワクエネルギーを生きる」
https://ameblo.jp/earth-healing-akiko/

監修　市村よしなり
小学生で起業。ITコンサルタント。

３歳から瞑想。幼いころからコンピュータープログラミングを始める。

10歳の時、父親の事業失敗により、突然の夜逃げを経験し、小学生で起業。

1997年23歳で国内初の各種インターネット事業を開始。

現在、日本やシンガポールで複数の法人を運営しながら、
宇宙的マインドを持つ、新しい時代の起業家を支援・育成している。

著者のakikoと共に運営する『スターシード☆オンラインサロン』は、開始３ヶ月めに3333名を超え日本トップクラスの規模で拡大し続けている。

著書に
『AI時代の「天才」の育て方』（きずな出版）
『売れる！ 魔法のアイデア ７パターン39の法則』（クローバー出版）
『人生で大切なことはみんなRPGから教わった』（バジリコ）
『こもる力』（KADOKAWA）などがある。

公式サイト　https://ichimura.me/

スターシードTheバイブル
あなたは宇宙から来た魂

第一刷　2020年6月30日
第六刷　2021年5月31日

著者　akiko
監修　市村よしなり

発行人　石井健資
発行所　株式会社ヒカルランド
〒162-0821 東京都新宿区津久戸町3-11 TH1ビル6F
電話 03-6265-0852　ファックス 03-6265-0853
http://www.hikaruland.co.jp　info@hikaruland.co.jp
振替　00180-8-496587

本文・カバー・製本　中央精版印刷株式会社
DTP　株式会社キャップス
編集担当　河村由夏

ISBN978-4-86471-882-0